コールセンターの経営学

イー・パートナーズ
代表 谷口 修

Business administration of call center

リックテレコム

目次

コールセンターの経営学

contents

第2章

企業の競争力を高める〝並外れたセンター〟のサービスプロセス

第3章

規模別 センター運営費の最適化

第5章 サービスの一貫性を担保する「コールセンターの経営学」 …… 197

序章

顧客指向を実現するための方程式

コールセンター運営に『経営哲学』は不可欠だ。

センターのマネジメントに欠かせない応答率や処理時間といった運用指標や、人材の採用・登用などのマネジメント……。だが、それ自体を「目的」と誤解しているケースはかなり多い。目の前の仕事に追われ、常に多忙な現場では、つい近視眼的な運営になってしまいがちだ。しかし、本質的な目的や価値を見失ってしまえば組織としての役割を十分に果たすことはできない。

企業活動の根底には、社会情勢や時代により変化するビジネスモデルがある。サービスプロセスは、それを機能させるためにこそあるものだ。その一翼を担うコールセンターにも、ビジネスモデルの変化にダイナミックに対応する戦略と能力が不可欠だ。時代をリードする企業がそうであるように、サービスの根幹には哲学が必要だ。これに基づく対応ができてこそ、顧客の信頼を得て、ビジネスを成功させることができる。

◆　◆

◆「真実の瞬間」をつかむサービスの本質

あるとき、ホテルの地下駐車場に車を止めてホテルで食事をし、駐車券に駐車料金が無料になるスタンプを押してもらった。ところが、駐車場に向かう途中で、その駐車券がないことに気づいた。ポケットや手荷物を探したが見つからない。しかたなく、ホテルのフロントで事情を話した。しかし「その駐車場はホテルの施設ではありません。パーキングマネジメント会社のものなので、ホテルでは対応できません」という。そのうえ「駐車券を紛失すると、一昼夜分の料金を請求されることもあります」とホテルのフロントスタッフは加えた。ずいぶんと「高い食事代」になったものだと覚悟を決めて駐車場ゲートにある電話機からマネジメント会社のレスキューコールセンターに連絡を取った。すると、対応したオペレータは、「構いませんよ、ゲートを開けます！」と言い、暗い気持ちが吹き飛んだことがある。パーキングマネジメント会社が、いつでも誰に対してもそうした対応をすることをマニュアルで定めているとは考えにくいが、大いに救われた気分になった。

言うまでもなく、それ以降、その会社のロゴマークは私の頭に刻み込まれているし、パーキングに選択肢があるならばその会社のスペースに止めている。

◆　◆

顧客の琴線に触れる「真実の瞬間」はどこにでも存在する。時代や世の中の変化に左右されない顧客との血の通った触れ合いの瞬間がそこにある。

先ほどの例は、「特別待遇が感動を生む」ということを伝えるために挙げたわけではない。おそらく、数千円の請求があっても承諾したであろう。オペレータは、私の後ろに列をなしている車をモニターで見て、早く私の車を出そうと判断しただけかもしれない。パーキングのレスキューコールセンターは、基本的には24時間営業だ。シフト勤務のオペレータは知識を習得した上で、各所に散在する駐車場の環境を把握し、迅速かつ金銭に絡むさまざまな問い合わせに対応しなければならない。そのような難易度の高い現場で、明るい声で間髪をいれず明快な対応をしたことを賞賛したい。これは、企業としての経営哲学が明確であり、具体的なミッションをオペレータ1人ひとりが理解していたからこそできた対応だ。

こうした対応は、「利便性」や「迅速性」を提供するための一貫したサービスプロセスを構築していなければ実現できない。優れた対応は、コールセンターのミッションが一人ひとりのオペレータに浸透し、サポート体制やトレーニングの成果として現れたものなのだ。

業種業態を問わず、どのような顧客接点でも、こうした臨機応変な対応や顧客の潜在的なニーズを汲み取る洞察力が求められる場面はあるはずだ。しかし、通り一遍のマニュアル応対を押し付けるセンターでは、こうしたスキルは育たない。オペレータ一人ひとりがサービスの本質を理解し、リーダーシップを持った対応、言葉を変えれば企業を代表して顧客と向き合うスキル。これをオペレータが身につけ、成果に結びつけるためには、それを可能にするプロセスを構築することが重要だ。ここに精神論が入り込む余地はない。合理的なマネジメントの方法論が必要だ。

経営と同期をとって合理的なコールセンターのマネジメントプロセスを作ること。これを「コールセンターの経営学」として提案する。

◆　◆

◆優秀なオペレータへの依存から脱却する

日本のコールセンターで働くオペレータは、諸外国に比べてかなり優秀だ。その理由は、教育水準が高く、勤勉で責任感が強いという国民性にある。このため、企業のミッションやビジョンなどの方向性が明確であれば、オペレータは自分の業務を理解して顧客対応することができる。それゆえに、日本のコールセンターは、おしなべてオペレータの能力に依存した運営を行っている。マネジメントを担う幹部社員はオペレータに頼ることができるため、組織としての統治の方法や運営の方法論を学習せず、そのうえ進化させてはこなかった。

結果、コールセンター先進国と言われる米国と比較すると、マネジメントレベルは「数年遅れ」とも言われている。これは、優秀なオペレータに依存し、状況にあぐらをかいていたということに他ならない。

会社の人事異動にともなって、ジェネラリストが部門長（センター長）に赴任し、組織に慣れた頃に異動する、ということを繰り返す企業は多い。そのようなコールセンターでは、統治能力の強化も専門能力の育成もできるはずがない。ましてや、日本ではコールセンターの運用技術を学ぶテキストや研修も整備されていない状況が長く続いていた。マネジメントの成熟度を高める環境もなかったため、マネジメント能力は停滞したままだ。顧客のリテラシーや期待値も、年々高まっていることから、多くのセンターは、危機的な状況となっている。

半面、日本ならではの特筆すべき優位性もある。日本のコールセンターは米国と比べると、平均的に規模が小さい。会社自体の規模は大きくても、コールセンターの運用規模は数十席程度かそれ以下の席数で運用されており、一拠点のみで運用している企業は半数近くを占めている。

この原因のひとつは、日本企業の提供する製品やサービスの品質の良さにある。公共輸送機関は定時運行が当然、商品を買う際もレジ前で待つのは朝のラッシュのコンビニくらいしかない。配達や修理を頼んでも時間通りに来てくれる。素晴らしい品質レベルを享受しながら日常生活を送れるのが日本なのだ。

その結果、日本人の品質に対する潜在的な期待値は著しく高まっている。厳しい品質基準であるがゆえに、商品の出来もサービス品質についても、日本の「製造技術」は極めて優秀だ。コールセンターに電話やメールで問い合わせをする割合は少ない。正確な比較はできないが、商品ごとの問い合わせ件数（ＣＰＰ：Call per Product）は海外同業者のそれと比べると低いと言われている。

また、サイレントカスタマーが多いのも日本の特徴だ。

商品に多少の問題があっても、「買ってしまったのは自分の責任」と捉えて店頭やコールセンターに問い合わせやクレームも言わない、いわゆる「サイレントカスタマー」の割合が日本は高いと言われる。顧客ひとりあたりのコール数（ＣＰＣ：Call per Customer）を海外の同業者と比較するとわかるはずだ。そう考えると、大規模に商品展開をしている大企業でも、それほど規模の大きいコールセンターを運営しなくて済んでいるわけだ。

コールセンターの規模が小さいがゆえに、「より良い品質、より高い生産性を目指す」という緊急性や必然性に欠け、コールセンターのマネジメントは発達してこなかった。そのような状況では、コールセンターのマネジメント層のみならず、経営層もコールセンターの重要性を理解できていない。ましてや「コールセンターには専門能力が必要だ」という認識には遠く及ばない。

コールセンターへの誤解としてよくあるケースが次のようなものだ。

・電話とＰＣさえあればコールセンターとして仕事ができるだろう

・他の部署に直接問い合わせが入らないように、電話番号をひとつにまとめてコールセンター

を作っておこう

・人数も少なく、誰でもできる電話対応であればアウトソースして運営しておけばいいだろう

このような認識で、コールセンターを運用している企業は少なくない。「良い製品を作っておけば、サービスにコストをかける必要はない」と考える経営者も多いことだろう。

しかし、時代は変わった。

「人口動態の変化により将来の日本は消費者の絶対数が減る」

「高齢者の割合がますます高くなる」

「顧客は多様化の一途をたどっている」

「インターネットとスマートフォンの普及により、顧客のリテラシーは著しく向上した」

「情報が氾濫し、企業は隠しごとができず、半端な情報提供では納得が得られない」

「サービス自体が商品価値を持つようになってきた」

「ブランド価値を高めて顧客を維持・拡大するには、商品だけでなく、購入前からアフターフォローまでサービスプロセス全体の品質に目を向けることが必要」

こうした状況では、コールセンターの持つ「重み」が変わる。ビジネスの目的を達成するには、適切なサービスプロセスの構築が不可欠だ。そのサービスプロセスの設計には、豊富な顧客との応対経験と顧客視点の評価基準が必要だ。

◆VOCとKPIのメリット・デメリットを知る

一般的に、自分のニーズを明確に伝えることのできる顧客は少ない。顧客は、自分が企業に何をしてもらいたいか、どのようなプロセスを期待しているかというニーズをはっきり言い表せないものだ。加えて、不満や不便、クレームを企業には伝えないサイレントカスタマーも多い。顧客の声を経営に反映する必要があることに異論はないが、一部の顧客、それも声の大きい顧客の声ばかりを拾い上げていては、経営判断を狂わせかねない。VOC活動が目指すべき本来の目的を見失うことになってしまう。

企業や商品に対して満足した顧客は、その企業の製品やサービスの購買頻度が増えたり、他人に推奨するようになったりすることは知られている。このロイヤルティ醸成までの仮定を測定するのがNPS（Net Promoter Score）だ（詳細は第4章参照）。その評価指標としてNPSは活用され広く採用されつつある。ただし、この結果は、あくまで成果の一面だ。これだけで、コールセンターの組織体制の是非やサービスプロセスの品質を隅々まで評価できるわけではない。顧客の反応を確認し、より精度の高いサービスプロセスが求められる場合には、他の指標も合わせて自社のプロセスを見直す必要がある。

コールセンターには経験則に基づく、多くの知見がある。例えば、ある要望は一部の顧客の声だけなのか、サイレントカスタマーを含む多くの顧客が抱える課題であるのか。あるいは、顧客の不満の源はどこにあるのか、ロイヤルティの高い顧客とはどの層なのか、顧客が企業をどのように評価しているのかなど、多くの知見を蓄積している。現時点での蓄積がないとしても、顧客に対してヒアリングできる組織だ。コールセンターの活用範囲は広い。それらの暗黙知を形式知化できる潜在能力を持っている。それを活用することは、企業の成長を加速させる力となる。

また、オペレータの声も重要だ。同業者間の競争はもちろん、他業種からの参入やイノベーションによって事業構造そのものが変わるケースは多い。そうした中、コールセンターに集まる「顧客の声」の中から「こうした問い合わせは昨日までなかった」「初めて受ける内容だ」という変化の予兆に気がつくのはオペレータだ。コールセンターは世の中の動きに敏感で予兆を感じることができる顧客接点でもある。

コールセンターが経営層に提供できるさまざまな情報のうち、VOCやKPIのみがフォーカスされる傾向がある。だが、それらは「ある時点の状態」を示すものであって、必ずしもサービスプロセス全体における課題の優先度を正しく明示するものではない。何が顧客に負担を強いているのか、どのようなプロセスが原因で顧客の不満をもたらしているのか。これらの問い合わせを常に受けているオペレータは、サービスプロセスにおける問題点を認識しているケースは多い。これらの情報を集めて社内で情報共有し、サービスを改善することが顧客の信頼と満足に直結する。

◆経営戦略の中核を成す「組織の方程式」を知る

コールセンターには、このように潜在的なノウハウがあるにも関わらず、大半の企業はそれを活用できていない。部門ごとの近視眼的な事業計画の集合体は「経営」ではない。企業のミッションを実現する全体最適をベースとした企業戦略に基づき、サービスの実行組織を変革しなければならない。

二十年にわたってコールセンターのコンサルティングに携わってきたが、口先だけのおもてなしや顧客主義を掲げても本質的に内在する課題に対処しない限り、停滞から脱出することはできないことを実感している。

顧客の琴線に触れるような対応や、高いリテラシーを持つ顧客に対応できるオペレータを育て、顧客の期待値を超える。ビジネスモデルの変化に即応してサービスの提供方法をすぐに変えられる俊敏さを持つコールセンターは、一朝一夕にできるものではない。

前著「戦略的コールセンターのすすめ」では、コールセンターのポジショニングの設計や、戦術的な運用方法を紹介したが、今回はより経営視点でマネジメントの本質を描いた。

安定的につながりやすく、応対品質に優れたコールセンターを作るというレベルを超えて、企業が理想とする顧客戦略を実現する俊敏さや機動力を兼ね揃えたサービスを生み出し、実践できるにはどうすれば良いか。そうしたセンターを作るためのヒントを提供することが本書の狙いである。

近視眼的に電話対応を「こなす」センターではなく、ヒト・モノ・カネという資源を有効に活かし、中長期的な経営戦略の中心となるサービスプロセスを生み出す。本書では、そうした組織の作り方について解説する。

顧客志向を実現する方程式こそが「コールセンターの経営学」である。

なお、本書で取り上げた事例は、著者が訪問、あるいは情報公開された時点での情報に基づく独自解釈であることを明記しておく。

第*1*章

ビジネスをリードするコールセンターの経営原則

ビジネス環境はドラスティックに変化している。昨日までのビジネスモデルは激しい競合や環境変化にさらされ変質する。あらゆる業種で過去と同じ仕事の仕方が通用しなくなっている。

経営は同業者同士の争いだけではなく、合従連衡や買収統合、そして異業種からの参入にも備えなければならない。

また、市場環境も変化する。

図1・1および**図1・2**は「日本の将来推計人口」（出典：出生中位［死亡中位］推計、厚生労働省国立社会保障・人口問題研究所、平成24年1月推計）における、2015年と2030年の男女別人口試算グラフだ。人口動態が変化し、高齢化と若年人口の減少が顕著となっている。

図 1・1　2015年

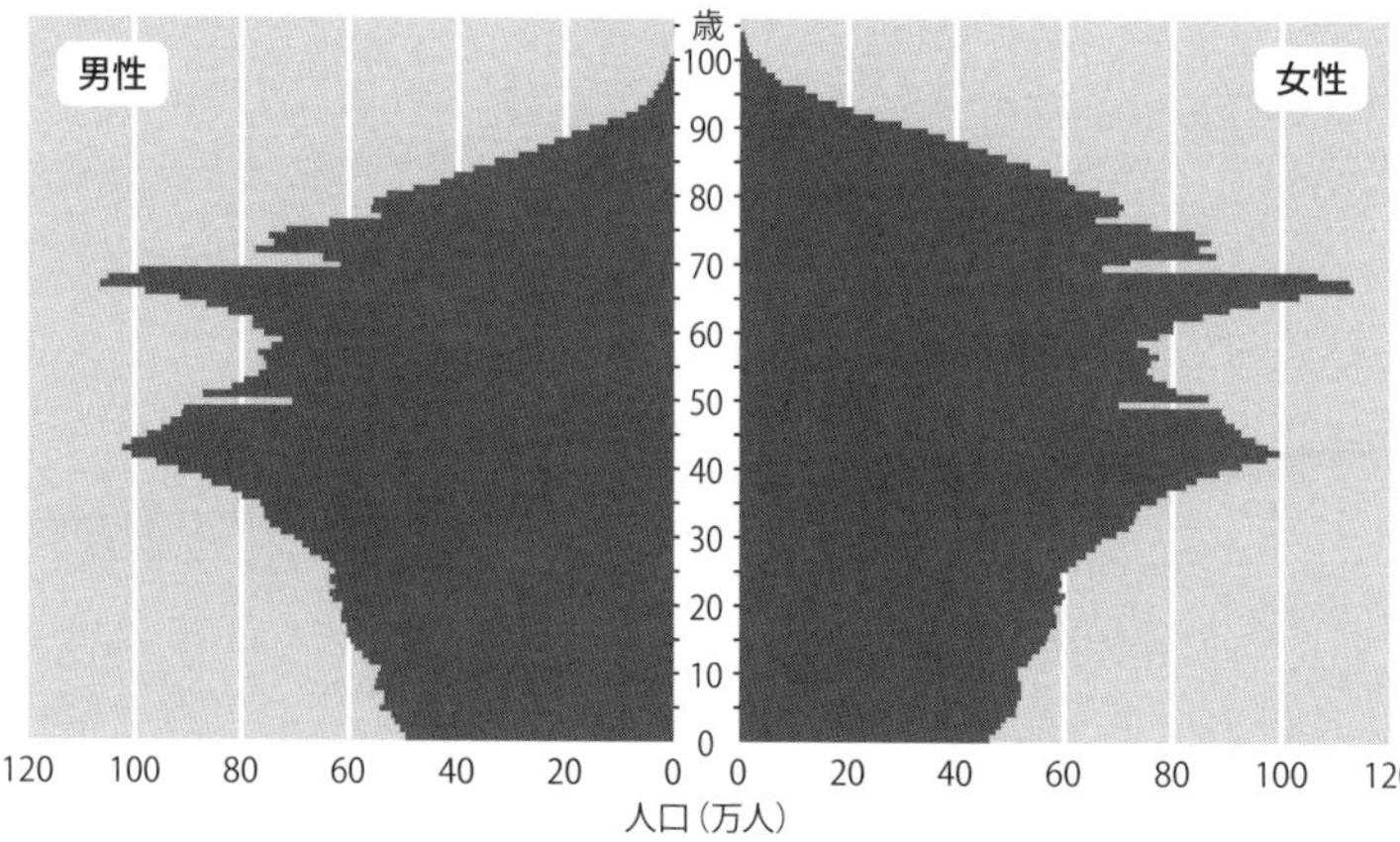

資料：「日本の将来推計人口」（出典：出生中位［死亡中位］推計、厚生労働省国立社会保障・人口問題研究所、平成24年1月推計）

企業にとっては、既存の顧客層の加齢と新規顧客の獲得がますます難しくなるということだ。労働力不足を補うための多言語労働者の流入や、雇用形態の多様化といった要素も経営に大きく影響する。

　こうした中では、企業はビジネスモデルを変化させなければ生き残れない。ビジネスモデルは既存の顧客を維持することを前提に、徐々に変革していく。まったく未知の領域で白紙の状態から新たなビジネスを立ち上げることには大きなリスクが伴うため、「既存の顧客」という資産を維持することを前提に新たな施策を打ち立てることになる。

　コールセンターはその顧客を預かっている組織だ。

図 1・2　2030年

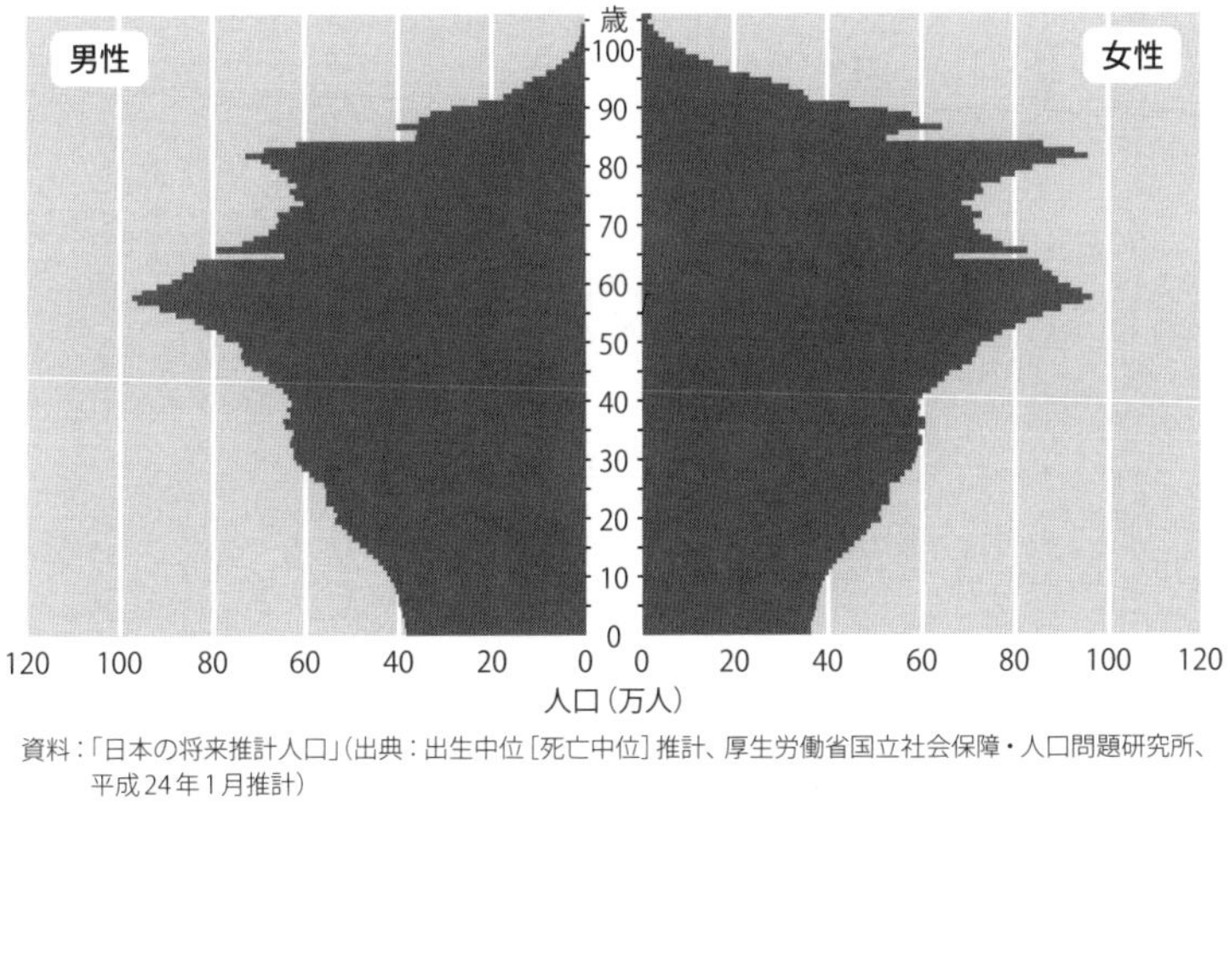

資料：「日本の将来推計人口」（出典：出生中位［死亡中位］推計、厚生労働省国立社会保障・人口問題研究所、平成24年1月推計）

顧客との信頼関係が存在している限り、コールセンターは企業のビジネスモデルの変革をリードすることができる。逆に言えば、経営はコールセンターをうまく活用しない限りビジネスモデルの変革を果たせないということになる。

コールセンターをどのように「活かす」ことができれば、企業は成長できるのか。また、コールセンターのマネジメント層がどのような経営視点を持っていなければならないかを、本章では解説。さらに、成功・失敗(誤解)事例を交えて「八つの経営原則」を提示する。

1　顧客が〝決める〟時代
――CRMからCMRへの変革期

数少ない選択肢の中で商品を選ぶ時代から、多様な商品が溢れる中で好きなものを選ぶ時代に変わった。企業が、Webサイトやブログから一方的に情報を発信してきた時代から、ソーシャルメディアやWebサイト上で消費者が企業や製品、サービスに関する感想や意見を発信できる時代となった。消費者は、利用者同士のコミュニティやソーシャルメディア上で容易にさまざまな情報を得られるようにもなった。

ＰＣを利用してインターネットにつなぐだけではなく、一人一台のスマートフォンを持ちいつでもどこからでもインターネット上の情報にアクセスできる時代でもある。結果、商品の価格に秘匿性がなくなり、消費者はいつでもどこでも、店頭やオンラインショップの価格を知ることができる。こうした環境では、価格に限らず商品やサービスの使い勝手や問題を隠蔽することは不可能だ。情報は、瞬く間に拡散する。

こうなると、企業が顧客をマネージする従来のＣＲＭ(Customer Relationship Management)という概念はもはや通用しない。

アルファベットの順序が入れ替わり、ＣＭＲ(Customer Managed Relationship)でなければ競争に勝つことはできない。主体となるのはCustomer＝顧客。つまり、顧客が企業との関係性を決める時代になったということだ。

日本の顧客の期待値が高いというのは以前からのことではあるが、さまざまな情報を得られるようになった顧客は、さらに主体性を発揮する。情報と選択肢が増えた結果、特定のブランドをただ「好き」という理由で使い続ける顧客は減った。「機能」や「価格」、「背景」や「来歴」など、選択の基準が多様化している。

これに呼応して、消費者対応のコールセンターを表現してきたＢ２Ｃ（Business to Consumer）という概念を、見直さなければならない時期にきている。企業が顧客をマネージできず、かつ顧客が主体的に商品・サービスを選択する状況において、顧客対応の概念もＣＲＭと同様の逆転現象が起こった。まさに「Ｍｅ２Ｂ」（Me to Business）に変化したのだ。主体はあくまで「顧客」となった。

2 〝個別〟対応を実現する顧客接点

こうして「顧客が決める」時代に突入し、企業の戦略が変化する中、コールセンターの役割も変化している。

不特定、大多数の顧客から「電話を受ける」センターから、「個」の顧客に「接客する」レベルになっている。つまり、オペレータの業務自体も、「個別」に顧客応対をする「個客対応」に変わってきているということだ。今や、顧客をマスで捉え、一括りにした対応はできない。「一人ひとりの顧客に、どのような接客をするか」を考えることは、企業の戦略に不可欠な命題となった。

これまで、コールセンターでは大量の問い合わせに対応する中で、多くの情報と知見を蓄積してきた。中には、企業側が想定していないような問い合わせが入ってきたことで、リスクを事前に察知して対策を取ることができたケースや、新製品の開発、サービス改善のヒントを得てきたという企業も少なくない。これをさらにマスではなく個人のレベルにまで掘り下げて、応対の品質を上げていくことが求められているわけだ。

業種を問わず、サービスプロセスに対する疑問を抱える顧客は増えている。例えば、Ｗｅｂサイト、店頭、配達事業者、コールセンターなど顧客と接する部門が多くなるほど、それぞれの顧客接点での情報共有が難しくなる。あるいは、製品自体の使い方が多様であれば、対応した窓口や担当者によって説明が異なるケースもある。また、企業の製品やサービスに対する期待と、実態が異なる場合には、そのギャップを指摘する声も多い。コールセンターには、顧客から寄せられる知見が数多く蓄積されてきた。つまり、コールセンターは、企業の品質を映し出す「鏡」であるといえる。

コールセンターに蓄積された知見をもとに、一人ひとりの「個客」に対応するには、従来の対応方法を見直す必要がある。主体性を発揮する顧客が求めている期待値が、従来とは異なっているからだ。

それが、「個客対応型コールセンター（Me2Bコールセンター）」だ。先進的な企業のコールセンターは、単なるインバウンドコール（入電）を「処理」する「労働集約型コストセンター」から、あらゆる場面での顧客との関係を構築する「情報集約型バリュー創造センター」へと変わりはじめている。

個別対応の時代にマネジメントが知るべき〝個客〟の期待値を**図1・3**に示す。

この図にある「7つの期待」に対して、コールセンターを運営している企業はどのように対処すべきか、具体例を交えて解説する。

図1・3 Me2B時代の“個客”の期待

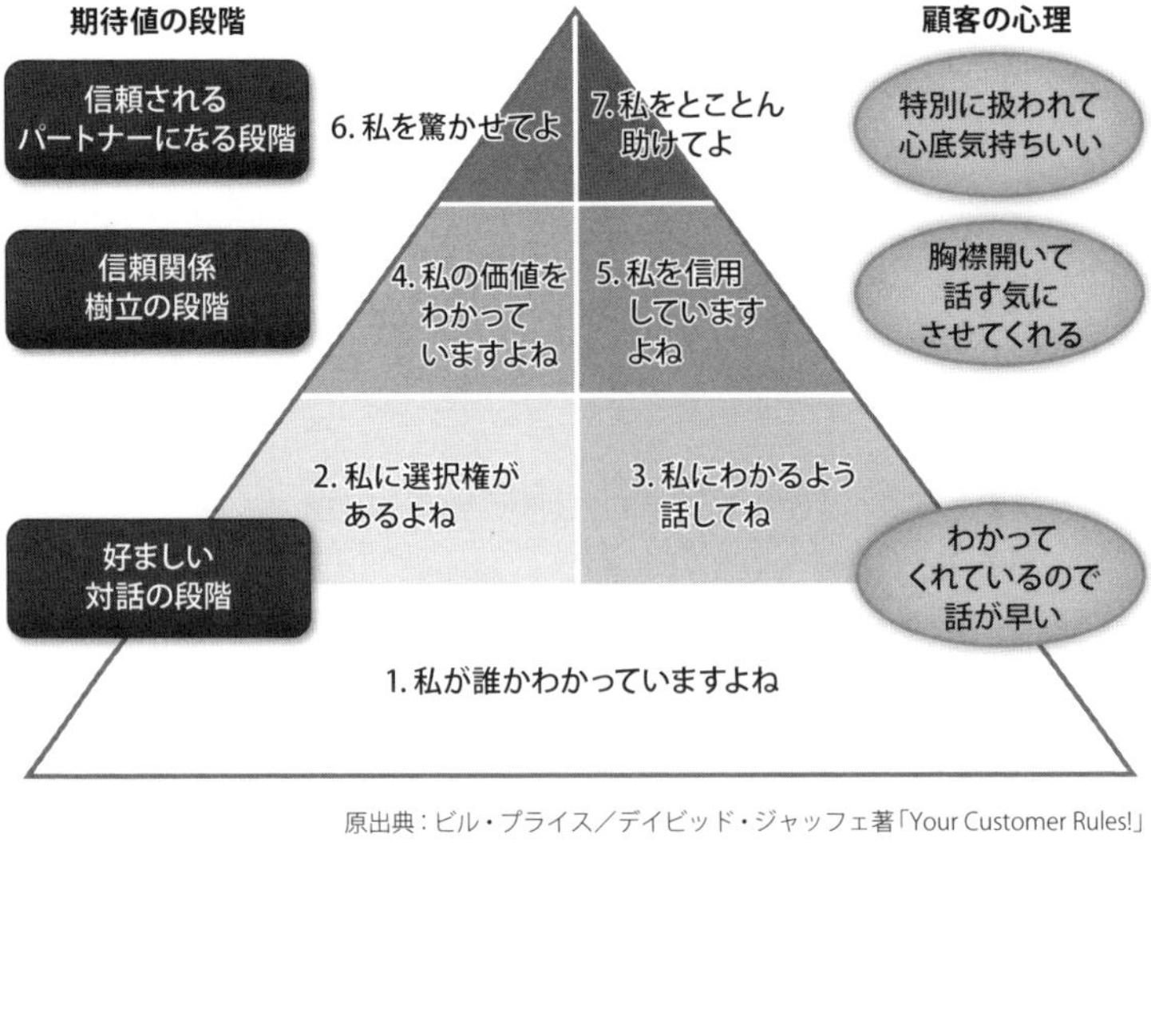

原出典：ビル・プライス／デイビッド・ジャッフェ著「Your Customer Rules!」

①私が誰かわかっていますよね

固定電話からコールセンターに電話をかけるのが主流であった時代には、本人確認のプロセスは不可欠だった。家族で同一番号を利用している可能性があるからだ。「お電話番号をどうぞ、次にお名前を教えてください、生年月日をお聞かせ下さい……」というプロセスなくして本題には入れなかった。

大半の消費者が携帯電話を使っている現在、登録されている携帯電話の番号からかかってきて「どなたですか」と聞くことは一般的にない。ＳＮＳやショートメール、「ＬＩＮＥ」などの無料通話アプリケーションで、日常的に個人対個人の使い方をしている利用者からすれば、本人確認されること自体を手間に感じるはずだ。「この発信番号が通知されているなら、私が誰かわかっているでしょう」という心理だ。

電話番号で本人とわかるならば、それに紐づいて、契約状況や過去の購入履歴などを把握した上で、応対することを期待する、というのが消費者のコールセンターに対する期待値だ。

コールセンターでは、誰からのコールかをいち早く察知し、その方の購買履歴やプロファイルを把握した上で対応する必要がある。

②私に選択権があるよね

顧客への不満足調査で、必ず上位にランキングされる項目がある。「スクリプト（オペレータに用意されているトーク台本）を読みあげているような対応で、会話の流れに柔軟に対応することができない」というものだ。顧客にしてみれば、忙しい中で電話をかけているのに、決められた手順通りにしか話せないことは、大いに苛立ちが募る。

事情や状況は顧客ごとに異なる。また、急いで対応してほしいときもあれば、丁寧にわかりやすく説明をしてほしい場合もあり、顧客の商品に対する知識量も画一的ではない。こうした事情を勘案して話し方や対応内容を変えてもらいたい、というのが顧客の期待だ。「私の言うとおりに対応してもらいたい」という要望である。こうした期待に応えるには、コールセンターは通り一遍のマニュアルに頼ることはできない。急いでいる場合、ゆっくりと丁寧に話してほしい場合、ピンポイントで必要なことだけ答えてほしい場合、など状況に応じた接客のスキルが必要だ。

問い合わせチャネルも、電話だけでなくメールやチャット、ソーシャルメディアなどを併用しながら多様な状況に対応してもらいたいという願望もある。電話対応であっても、長く待つよりは「折り返し電話」の予約ができれば時間の効率化になると思う顧客もいる。画一的な対応は、好まれない。選択肢の多さが期待されているのだ。したがってコールセンターでは顧客に多様な選択肢を用意しておくことが必要だ。

③私にわかるよう話してね

顧客への不満足調査で、前項同様、常に上位にランキングするのが「話が難しくてわかりにくい」という回答だ。「専門用語が多用されていて理解できなかった」「複雑なことを言われて混乱してしまった」という内容だ。「私は専門家ではないし、そうなりたいと思ってもいないし、すべてのことを学習したいわけでもない。難しくしないでよ。これが聞きたいだけなの」という顧客は多い。業界用語や社内用語を使わずに、翻訳してしゃべってほしいというのが本音だ。

コールセンターでの対応には、簡単でシンプルな会話が期待されている。

ここまでの3段階が「好ましい会話」を形成する段階だ。「いつもご利用ありがとうございます。△△さん、本日はどのようなご用件でしょうか。お急ぎですか。わかりました。このようにして頂けますか」といった会話ができることで、顧客は「わかってくれているので話が早い」と感じ対話がスムーズに進むのだ。

④私の価値をわかっていますよね

企業の商品やサービスを初めて使う顧客と、既存の顧客では、心理状態が大いに異なる。ＲＦＭ（Recency Frequency Monetary：「最終購買日(Recency)」「購買頻度(Frequency)」「累計購買金額(Monetary)」の三つの指標で分類し、顧客の選別と格付けを行う分析手法。それぞれの頭文字を取って、ＲＦＭ分析という）を基準としたポートフォリオやセグメンテーション別に対応をしている企業は多い。ＲＦＭ分析では、**図１・４**のように、Ｒ・Ｆ・Ｍのいずれの数値も高い顧客を「優良顧客」と捉え、「ロイヤルティが高い」と判断する。中間

図 1・4　RFM分析による顧客分類例

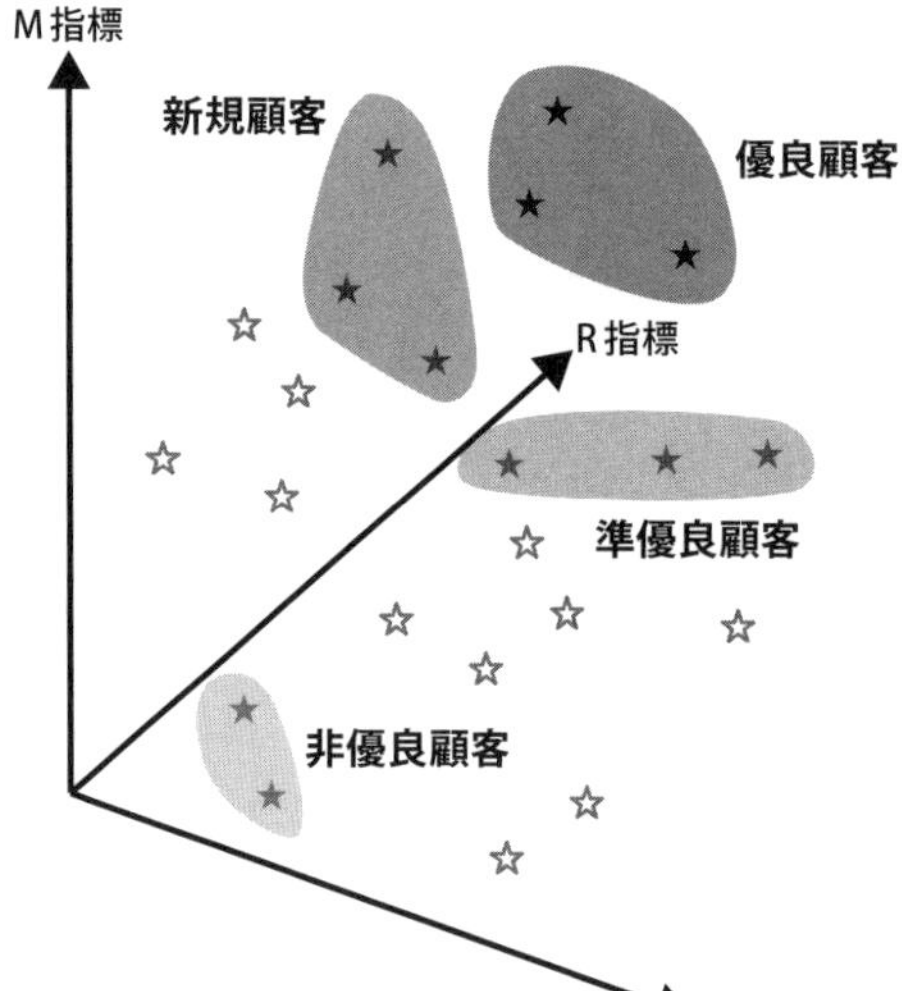

に位置する場合には、近しい指標ごとに顧客層をグループ化し、金額換算の顧客層を分類して戦略的な判断に使用する。

例えば航空会社のマイレージサービスやクレジットカード会社が提供する色別のカードなどだ。これらは、企業視点の「顧客価値の判断基準」としてはわかりやすいものだが、顧客側の心理は異なる。顧客自身が認識している企業へのロイヤルティや、自分の持つ資産からその企業に支払う割合を加味した「個人の生活に占める企業の存在感」という価値判断だ。同じ価格でも、生活スタイルによってその金額への価値は顧客ごとに異なる。

A航空会社のダイヤモンド会員が、普段使わないB航空会社でぞんざいに扱われる状況を想像してほしい。普段A社での特別待遇に慣れている人にとっては、「B社ではVIP待遇がしてもらえなかった」という事実はより大きなマイナスの印象を残す。「企業に支払いをしてきた金額が異なる」と理屈を理解していたとしても、やはり「B社はサービスが悪い」と感じてしまう。

あるいは、「飛行機に搭乗する機会があれば必ずA社を利用する」という顧客であれば、飛行機に乗る機会が少なくA社に支払ってきた総額が少なくても、「私はA社へのロイヤルティを持っている」という自負を持つ。

このように、顧客自身が考えているロイヤルティと企業が認識するロイヤルティにはギャップがある。どういう状況であれ、顧客はこうした自分達の状況や心理を汲み取ってほしいと期待している。店頭などの対面でもコールセンターの非対面でも同様に、潜在的な期待を加味した応対が期待されている。

⑤私を信用していますよね

ある商品をひとつだけ注文したつもりだったのが、十個も届いてしまった。確認すると、発注ミスだったことが判明した。非は自分にある。返品や返金ルールには、『注文者様の事情による返品には応じられません』と記載されている。

こうした場合、コールセンター側は「センターの一存で、顧客の事情を汲んで勝手に返品やキャンセルをするというような大盤振る舞いをすると、とんでもない事態を招くのでは」と考えるのが一般的だ。顧客に公平公正であることや、ミスを防ぐことは大事だが、「例外は一切認めない」という運用では顧客の信用を失墜させかねない。ルール通りに運用するだけでは、顧客との関係を構築することはできない。

緊急時や例外対応の備えをしておくことは重要だ。例えば、災害時に「保険証券がなければ保険給付はできない」というルールに則った運用を維持することを優先すれば、「利用者の都合を加味しない企業だ」と捉えられかねない。証券自体を紛失している状況では、給付の資料をすべて揃えることは不可能だ。

顧客が困っている状況での企業対応こそが、信頼関係を構築する。透明性と公平性をベースに、例外対応の運用ルールも定めておくことが有効だ。これを実現するには、「顧客の信用を失う瞬間」を意識しながら、コールセンターの現場にある程度の権限を委ねることが必要だ。

ここまでの段階で、顧客とコールセンターとの関係を樹立することができる。好ましい会話に加えて、より親密なパイプが築かれていく。この段階での顧客心理は、「心を開いて話す気にさせてくれた」という状態といえる。

⑥私を驚かせてよ

「顧客の期待水準を上回ること」が驚きにつながる。複雑だと思っていたことでも、解釈や見方を変えてみるとシンプルに解決できたと驚くこともあれば、ネガティブな印象を持っていた企業でも、コールセンターがプロフェッショナルな対応をしてくれたために、ポジティブな印象に変わったという驚きもある。以前問い合わせをしたときの会話の内容や状況を覚えてくれていた、自分でやらないといけないと思っていた面倒な作業を代わりにやってくれたという場合にも、驚きと感謝は生まれる。

1980年にスカンジナビア航空のCEOに就任したヤン・カールソンが著した「真実の瞬間」では、航空券をホテルに置き忘れた顧客についての事例が紹介されている。顧客から問い合わせを受けた航空会社の予約受付担当者が、ホテルに連絡を取って顧客の搭乗に間に合うように航空券を取り寄せたというものだ。この事例のように、顧客の琴線に触れる瞬間と応対の魔術は、多くのコールセンターにも実在する。そうならないケースが大半であることから、期待以上の対応をしてもらえると顧客は大いに感動する。顧客は、いつも驚きを期待しているわけではないが、コールセンターでは常に顧客の期待の一歩先を考えていたいものだ。

⑦私をとことん助けてよ

近視眼的なコールセンターの運営は、顧客離反につながりかねない。例えば、顧客の状況を考慮せず、一方的な商品案内を行うアウトバウンド。インバウンドで注文をした際、製品のランクアップを勧めるアップセル、関連する商品を勧めるクロスセル。だが、求めている商品以外のものを勧めてくるより、「私にメリットのある話や楽しい気持ちにさせる会話をしてほしい」と顧客は考えるはずだ。例えば、注文した商品の詳しい説明や、開発秘話などだ。あるいは、購入した商品の便利な使い方や、顧客のライフスタイルに直接関連する情報、あるいは間接的に関わってくる出来事まで、範囲を広げてのアドバイスや情報を潜在的に期待している。

アウトバウンドやアップセル、クロスセルを嫌悪する顧客もいるが、それは必ずしも金銭面の支払いだけを気にかけてのことではない。「オペレータや企業が勧めたいものを押し売りしている」のか、「自分の立場や状況を理解してくれた上で推奨している」のかを、顧客は見極めている。

「私の気持ちに目を向けてもらいたい」という思いが満たされたと感じると、「私のために言ってくれているアドバイス」だと捉えることができる。つまり、購買の可能性は高まる。収益に直結しないように見えるが、実際には企業にとっても、周辺情報の提供にはメリットがあるといえる。

コールセンターでは徹底的に顧客に寄り添う姿勢が求められる。

ここでの期待値の段階が、図1・3にあるピラミッドの最上段、「信頼のパートナー」になる段階だ。顧客は「特別に扱われている」と心地よさを味わうことができる。この期待値のピラミッドを積み上げてゆく努力こそが、企業視点から顧客視点へ、Ｍｅ２Ｂの世界への変革の道筋だといえる。

3　カスタマーサービスはひとつの〝商品〟

コールセンターは、顧客からの問い合わせに、ただ回答するだけの窓口ではない。一期一会ともいえる顧客からのコールに真摯に向き合い、顧客の期待を超える応対を実践する。この結果、信頼関係を築くことができた顧客は、企業のファンになりロイヤルカスタマーとなる。

こうした顧客対応は、商品に付属する「おまけ」ではなく、「サービス自体が商品」というべき高い付加価値だ。経営層やセンター長は、「コールセンターこそが、他者との明確な差別化」と、誇れる接点を構築するべきだ。

かつてのバブル期に、アメリカン・エキスプレス・インターナショナルは24時間ローンを受け付けるＩＶＲを実用化した。これによって顧客の利便性は格段に高まり、飛躍的にローンの残高を増やすことができた。無人ながら顧客の潜在ニーズを捉えて実用化されたサービスだ。また、24時間のコンシェルジュサービスを初めて実用化したのもアメリカン・エキスプレスである。さまざまな要望に対してプロフェッショナルな対応が期待できるこの会員サービスは20年を超えて継続しており、顧客からは年会費以上の価値があると評されている。

大手携帯通信会社では、有料のカスタマーサービスが広く利用されている。携帯電話に関する全般的な相談に応じる24時間サービスで、Wi-Fiの接続設定、メールの設定などといった購入初期に必要とする作業から、どのアプリを選べばよいかというような相談にも乗る「コンシェルジュサービス」だ。プロフェッショナルによる、わかりやすく噛み砕いた説明が好評で支持されている。

事例　カスタマーサービスを〝商品〟と捉えた米ザッポス

オンライン通販で靴を中心に販売している米ザッポスでは、「電話で対応できることは何でもする」という運用方針を基本に据えている。自社で取り扱いのない商品に対する問い合わせでも、最低三社のWebサイトを検索して、商品を案内することが義務となっている。顧客の要望には、自社の収益に直結しないことであっても真摯に対応することで知られている。コールセンターのオペレータは、自分の会話が「商品」として顧客に受け入れられていることを十分に自覚しており、一期一会のコールに対応をしている。では、どのような仕組みで、「自分の会話は商品」と自覚させているのだろうか。

同社が目指したのは、カスタマーサービス部門に入るコールが少なくなり、同時に売り上げが伸びること。同社では、顧客は、注文をすべてオンラインで済ませるため、その日の売上額はリアルタイムに集計され、センター内で公表されている（図1・5）。

満足した顧客は、その後も継続して同社を利用し、知人・友人に紹介することもある。紹介者が利用すると売り上げはさらに増える。さらに、企業のプロセスに問題が少なければ、それだけコール自体も減少する。

そこで、同社はその相関関係を表すために、サービスを可視化する数値を模索。「一コール当たりの仮想売上金額」が最適であると定義し

図 1・5　ザッポスの科学

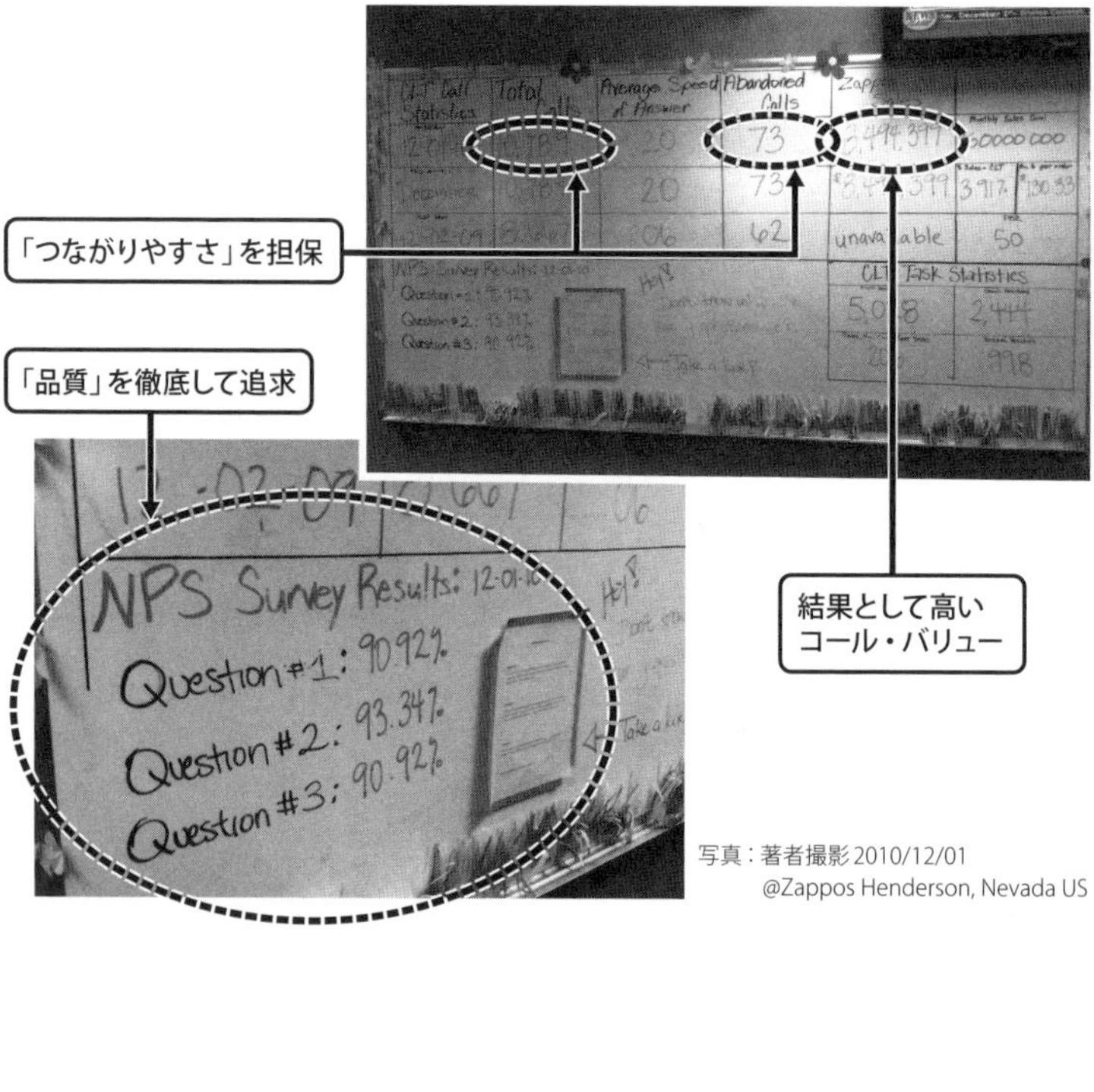

写真：著者撮影 2010/12/01
@Zappos Henderson, Nevada US

た。これは、その日の売上額を、その日カスタマーサービスに入ったコール数で割ったもの（※仮想売上は、「そのコールによって売り上げが計上された」と仮定する意味）。

一般的なセンターでは、「センター全体の運営費÷コール数」で計算して、「一コールあたり数ドル」のコストを算出する。これがCPC（コストパーコール：1コールあたりの費用）で、数ドルになるセンターが多い。同社の仮想売上金額は、1コールを「センターが生み出した価値」と捉えて「一日の売上額÷コール数」として算出している。これをKPIとするのであれば、売上増とコール件数の減少を同時に目指すことができる。

どのように簡単なコールであっても、「この電話に数百ドルの価値がある」と意識したなら、オペレータはコール1件ずつに真剣に向き合うはずだ。すべてのコールに真摯に対応することで、全体の品質に磨きをかけ続けている。これが、同社の「自分の会話は商品」と認識させたプロセスだ。

これは、顧客ロイヤルティを図る指標のひとつであるNPS（ネット・プロモーター・スコア）にも反映されている（NPSの詳細は第4章参照）。

同社のコールセンターで測るNPSは常に90％を超えている。業種や国によっても異なるが、大半の企業のNPSはマイナスのスコアとなるため、このスコアから、同社が驚異的に高い評価を得ていることがわかる。

「業績の先行指標」とも言われるNPSの高さと相関して、同社は安定した成長を続けている。ザッポスでは、「サービスの経営貢献」を成果との相関性から可視化している。カスタマーサービス自体が、隠れた商品なのだ。

4 コールセンターにおける8つの経営原則

通常、一過性の応対評価や満足度評価だけを見てプロセス全体の良し悪しを判定することはできない。サンプリングしたある会話の品質が良い、顧客満足調査のスコアが高い結果であっても、すべての会話が素晴らしいわけではない。また、顧客が「満足した」と思ったからといって、将来の収益が保証されるわけでもない。

コールセンターの顧客応対が企業の収益に寄与しているかは、企業戦略に沿ったシンプルかつ一貫したサービスプロセスが構築されていること、そしてその効果測定ができて実証できる。一貫したサービスプロセスこそが、企業の継続的な成長を実現する。

ザッポスに見られるように、優秀なコールセンターのサービスは科学されている。また、独自の工夫が存在する。顧客に対してどのようなプロセスで対応すべきか、顧客応対の品質をどのように測定するか、何をすればどのように貢献できるか。これらを、バラバラではなく有機的に連携した「サービスプロセス」を構築できている。

だが現実的には、このサービスプロセスの価値を理解していない経営層や、部門責任者は少なくない。だからこそ「価値」を見える化し、どのような情報があるかを知ってもらう必要がある。これは、コールセンターが果たすべき重要なミッションのひとつともいえる。

・顧客層が変わればサービスに対する期待値は変わる
・利便性や緊急度に応じてサービスの在り方を変えていく必要がある
・組織や商品、あるいは提供するプロセスのどこかに不満足や不明瞭な要素があれば顧客からの問い合わせは増える
・企業の戦略が変化しているにも関わらず従来通りの対応では顧客は満足しない
・常に同じ評価指標では応対の是非を測ることはできない

このような現実を踏まえて、顧客ニーズの変遷と企業戦略の変化に、コールセンターはどのように対応し、進化していけばよいのか、「コールセンターの経営原則」として解説していく。

原則1　戦略に基づくサービスプロセスの設計

◆航空会社のサービスプロセス設計

２０００年頃はまだまだインターネットが普及しておらず、航空会社へのチケット予約は、電話で行うのが一般的だった。大量の予約電話に対応するために、航空会社のコールセンターは大勢のオペレータを擁し、全国で複数のコールセンターを運用しなければ対応しきれない状況だった。その後、インターネットが普及すると、多くのビジネスユーザーは空席状況をＷｅｂサイトで確認して予約することができるようになった。Ｗｅｂサイト上では、24時間、３６５日、いつでもどこからでも予約ができる。こうした利便性が受け入れられた結果、電話予約はピーク時の１／５程度に減少した企業もある。

さらに、多様なサービスを提供する航空会社では顧客の利用頻度や利用額などでポートフォリオを定め、いわゆるマイレージを基準とした顧客セグメンテーションが行われている。頻度や利用額が高い顧客には高品質なサービスを提供するなど、顧客セグメントごとに対応を分けている航空会社もある。こうした企業のコールセンターでは、個別対応の訓練をしてきたオペレータが、顧客や業務ごとに高度な問い合わせに対応をしている。

一方、近年増えつつあるＬＣＣ（ローコストキャリア、格安航空会社）では徹底的にコストを圧縮するビジネスモデルを追求している。想定している主な対象顧客は、〝インターネット利用者〟だ。主な予約手段はWebサイトで、電話で予約する場合には、航空運賃に加えて〝電話予約料〟を徴収されるのが一般的だ。それでも低料金と利便性を期待する顧客には十分に受け入れられるビジネスモデルとなっている。

これとは逆に、顧客セグメントの定義とサービスプロセス構築を実現できなかったのが北海道を基盤に航空機を運行していたエア・ドゥだ。同社は、2000年当時、簡易でローコストなサービスの提供を目指していた。だが、顧客対応や管理プロセスに人手を多く要する運用を行っていた。このため、顧客が予約や発券する際に手間がかかるなど、個人旅行とビジネス用途の対象顧客が求めるサービスを提供できていなかった。これが、同社の経営状態を悪化させた原因のひとつとなった。

成功するサービスプロセスの構築には、これさえしていれば成功するという絶対的なシナリオは存在しないが、顧客に不便や不満を与えてしまったことが原因で失敗に至るケースはいつの時代にも存在する。

◆カタログショッピング会社のサービスプロセス設計

カタログショッピング事業も同様だ。従来は、カタログに記載されている電話番号にかけて商品を注文するというのが一般的な購買形態だった。だが、インターネットの普及に伴い、業界大手のカタログ通販会社では、40～50％の顧客がＷｅｂサイトから注文をするようになっている。しかし、Ｗｅｂサイトでの注文が増え、コールによる注文が減ったとしても、通信販売には、商品を手にとって見ることができないという宿命がある。キャンセルや配達日の変更などに関する問い合わせは残る。

だが、大手カタログ通販会社の購買実績を分析すると、企業との対話機会がまったく無いままにインターネットで注文をして商品を使う顧客に比べると、どのような問い合わせであれ、コールセンターでの会話を経て、満足した顧客の再購買率は高いことが明らかとなった。だからこそ、相対的には注文割合が減っている電話受注においても、購入頻度や購入金額の高い顧客に対する接客を重視し、オペレータの対応品質を強化することは、これら通販会社において最も重要なミッションになっている。

オンライン通販でもこの状況は変わらず、注文の電話はなくとも、問い合わせは受注量に比例して増えている。このため、「こういう商品が欲しい」「この商品の詳しい機能を教えてほしい」「Ｗｅｂ操作の方法を教えてほしい」「いつ商品が届くのか」など、多岐にわたる問い合わせに対応しなければならない。コールセンターでは、それらのコールを内容ごとに分類し、通販サイトの機能拡充や商品説明の修正、社内のプロセス改善に活かす取り組みを続けている。顧客の不満足要素を取り除くために、すべてのコールから解決策、次の一手を検討することがコールセンターの役割となってきている。

◆お客様相談室のサービスプロセス設計

業界や業種、法人・個人などの対象顧客の区別なく、多くの企業には「お客様相談室」がある。製品の生産地やアレルゲン情報、企業のＩＲ情報、商品・サービスの倫理的あるいは法律的解釈、各種クレームなど、多様な問い合わせに一元的に対応する企業〝よろず相談窓口〟だ。その役割は、徐々に変わりつつある。例えば、食品会社では、万が一の商品不良に迅速に対応する役割に加えて、自社商品の愛用者のために、〝顧客対応〟から、〝ファン作り〟へと、役割が変化している。

◆アウトバウンドのサービスプロセス設計

１９９０年代、ダイレクトマーケティングの手法が広まると、さまざまな個人情報のリストが出回り、勧誘の電話が消費者にかかってくるようになった。通信、保険、証券をはじめとするさまざまな業界で、手軽なアウトバウンドによる営業行為が行われた。

米国ではこのような行為は、消費者保護の観点から規制する必要があるとして「連邦取引委員会のデータベースに登録をした消費者にはアウトバウンドをしてはいけない」という

「DoNotCall法」が2003年に制定された。これにより、企業は基本的に、新規勧誘のアウトバウンドをすることができない状態となった。オーストラリアやシンガポールなどでも、同様の法律が施行され、アウトバウンドの領域は狭くなりつつある。とはいえ、既存顧客へのフォローコールや案内など例外事項はある。企業と顧客との双方向コミュニケーションのすべてが規制されているわけではないため、対象顧客を明確に定めた上でのアウトバウンド利用のプロセス再設計が求められている。

企業の成長には、ビジネスモデルの変革が不可欠だ。業種業界ごとに成長度合いに違いはあっても、自社の企業戦略に応じて企業と顧客をつなぐコールセンターは、その役割を進化させていかなければならない。

原則2 課題を発見する情報源として活かす(コールリーズン活用)

・テレビでコマーシャルを流すと、問い合わせのコールが入る
・新聞広告を出せば、問い合わせが増加する
・DMを送ると、質問のコールが増える
・購入された商品が届かない場合はいつ届くのかの問い合わせがある
・期待通りの商品でなければ、返品・交換の依頼がある

・締め切りのあるキャンペーンでは、締め切り当日にコールが集中する
・新しい商品・サービスを発表すると購入場所や価格への問い合わせが増える
・請求書や案内状を発送すれば、確認のコールが入る（図1・6）
・Web上で解決できない問題が増加すれば、問い合わせ件数も増える

コールセンターにはさまざまな問い合わせが入るが、その多くは右に記したような企業活動に端を発する。注意深くコールを分類すれば、企業活動の問題点や、企業の意図と顧客の解釈が異なるケースが多いことに気づかされるはずだ。

テレビコマーシャルやカタログで発信し、問い合わせ件数が増えた際、その内容が「注文」であれば「成果」といえる。だが、商品の詳細情報や

図 1・6　コールの増減は企業活動にも影響される

効用、支払い方法、価格など、不明点に関する問い合わせが増えているのであれば、「説明不足」という課題があると考えなければならない。顧客からのコールは、どの媒体の、どの説明に問題があるかを示している。

どこがわかりにくかったのか、何が説明不足だったのかを把握することは改善の第一歩だ。顧客の負担を軽減することは、顧客の最低限の期待を満たすことでもある。

顧客に負担を強いている原因を、コールの分析から把握できれば合理的だ。具体的には、配送関係の不満や課題のコール数はどれくらいあるのか、先週と比べて今週は増えているのか、その理由は何か、というように推移や原因を特定する。これによって、企業活動の問題点を把握できる。根本的な原因を解決すれば顧客の満足度が上がる、ということを数値で証明することも可能となる。顧客に負担をかけている点を、商品開発やマーケティング、店頭などの関連部門ごとに測り、情報を共有して原因解決を促す。改善する施策を打つことができれば、その実践活動による変化を追跡して効果を確認することもできる。

個々の顧客が感じている潜在的、顕在的な負担を把握し、社内に情報を還流させることはコールセンターが果たすべき重要な役割だ。

実際にコールセンターに入ってくる問い合わせ内容は多様で、複雑なものも多いが、わかりやすい例を挙げる。

「商品がいつ届くのか」という問い合わせであれば、配達日が正確に案内できていない、あるいは「早く届けてほしい」という期待を顧客が抱いているために発生したものだ。ここから、顧客の潜在期待に応える配送プロセスのあるべき姿を想定できる。

このように、企業の顧客対応プロセスのどこに課題があるかを発見できるのが、「問い合わせ内容」だ。分類の手法としては、顧客視点で「問い合わせの動機」を分類して体系化する。これを「コールリーズン体系」という。すべてのコールは企業活動のプロセスのほころびや、期待に達しない品質の指摘と捉え、組織の課題を発見するためのツールとして活用するメリットは大きい。

顧客の声をコールリーズンごとに分類し、社内に報告することは、企業の成長を妨げている原因を特定し、プロセスを改善する契機となる。顧客の不満足要素を解消できれば、企業は「顧客」という資産を維持拡大することができる。センターが潜在的に持っている貢献度はかなり大きいといえる。

原則3　センターの課題を〝顧客の声〟から抽出する(VOC活用)

「顧客第一を目指せ！」というかけ声のもと、消費者の声を全社に伝える「VOC活用」に励むセンターも増えている。だが、このVOCの活用法について誤った定義をしてしまえば、成果にはつながらない。

「顧客の声に基づいて企業の品質強化を図る」というコンセプトは正しい。「顧客から寄せられた声」の「量」だけでその重要性を判断するという方法も、ある程度の効果は期待できる。だが、それだけでは、VOCを活かしきれてはいない。例えば、「問い合わせ件数が1000件を超えたら重要性が高いと定義して、改善に着手しよう」という活動にしてしまえば、改善までのタイムラグが大きく、トラブルシューティングとしては手遅れになってしまうケースもある。まず、声を収集するための時間がかかり、改善施策の検討と提案を作成するまでにさらに時間を要する。その上で、実際に改善を行っていく時間を合わせると、成果を出すためには場合によっては数カ月もの時間がかかってしまうからである。

顧客の声から学ぶことの本質は、「顧客の不満が大きくなる前段階で、品質強化を図る」ための活動なのだ。まだ問い合わせの件数が少ない段階、重大事故につながる前のニアミスやヒヤリハットの段階での予兆と捉えることが重要だ。分析・調査で根本原因を把握し、問題が大きくなる前にそれを排除する、という活動でなければならない。

これは、「一定数以上」という数を頼りにした改善では実現できない。また、実際に改善をする部門にとっては、費用対効果が見えにくいものであるため、後手に回してしまいがちだ。だからこそ、「顧客第一」の視点で経営判断ができる企業風土を醸成することが先決となる。

つまり、経営陣も含めて、全社が顧客の声に耳を傾ける文化・風土を作らなければ実現することはできない。コールセンターの重要性を経営陣が理解することが必要なのだ。

また、コールセンターのマネジメント層も、自らの経営視点の感性を磨き、他の部門責任者に顧客視点の重要性について理解を促す動きを日頃から実践しなければならない。センター内では、データを集めるオペレータのリテラシーを強化し、ITの専門家、分析の専門家を育てる必要がある。予兆を捉える文化を作るためにはオペレータの感性を磨く必要があり、専門のトレーナーやコーチが必要だ。

加えて、こうした分析の結果に対して、提供するサービスに一貫性が保たれているか、品質を下げているボトルネックがどこかを掘り下げて検討する体制も必要だ。

原則4　「ベストサービスはノーサービス」を目指す

コールが組織の課題を表しているのであれば、「顧客から指摘される課題は少ないほど良い」といえる。

予約や注文を受け付けるセンターを除いて、主なコールリーズン（問い合わせの内容）がクレームや疑問などの〝お問い合わせ〟である場合、呼量（問い合わせ件数）は少なければ少ないほど製品やサービスの品質が高いことを示している。

このことを「ベストサービスはノーサービス」と言う。会社がベストな品質を顧客に提供できているのであれば問い合わせの呼量は減るはずだ、という理屈である。不必要に大規模なコールセンターを運用したい経営者はいない。経営者は極力、最低限のリソースによる最良の顧客対応を願っているはずだ。あらゆる企業活動に対する顧客の反応がコールセンターに集約される。だからこそ、コールセンターに入る顧客の声から企業活動の課題を認識し、迅速に問題を解決して不満足要素を解消することに注力しなければならない。結果的にコール量も減少する。それこそが、ベストサービスはノーサービスという状態に近づくことだ。

２０１５年、三菱総合研究所が５００社のコールセンターを対象に「現状課題と取組状況」の調査を行った（詳細は「付録」ページ参照）。これによると、日本の社員数５００名以上の会社の平均的なコールセンターの規模は１００席未満であることが明らかになった。多くの企業では10席程度のコールセンターが運用されているのが実態だ。

コールセンターの規模が小さい理由のひとつは、日本の企業と商品の品質が良いということが挙げられる。販売する商品やサービスの質が良く、適切なプロセスで提供されている状況であれば、顧客の不満につながる要素は少なくなる。つまり、コール数が少ない状態で維持できるため、規模の小さいコールセンターでも十分対応することができるということだ。

別の理由としては、日本人の国民性にある。日本の顧客は、ストレスや不満を抱えても、コールセンターに問い合わせをしない「サイレントカスタマー」が多いと言われている。不満や解決策を企業に相談することなく、黙って離反してしまう顧客も少なくない。この事実が、日本の大多数のコールセンターが小規模である一因ともいえる。

一般的に、日本人が顧客のサービス・製品に求める期待値は高い。日常的に買い物をする際にはレジ前で行列に並ぶことはそれほど多くなく、公共交通機関は時刻通りに運行される。〝安心安全〟が〝一般常識〟とされる中で生活していると、期待する品質も高くなる道理だ。

その結果、普段、〝常識〟と捉えている感覚と少しでも異なることが起きたり、約束したことが守られなかったり、当たり前だと感じていることが実現できない時に多いにストレスを感じ、不満足感を増幅させてしまう傾向がある。一般的な顧客心理を理解し、過剰に反応する顧客を抑制するための施策も用意しておかなければ、規模の小さいセンターを維持することは難しい。課題を「予兆」の段階から捕捉して、抜本的な対策を講じてこそ小さいセンターが維持できるのだ。

また、企業プロセスの中で顧客の利便性が欠けていればコールが増えることにも注目しておく必要がある。それを実現するのが、顧客が正しい情報を収集し、安心して商品やサービスを使える環境だ。そのために、Ｗｅｂサイトやモバイル対応機能の利便性を高め、いつでもどこからでも顧客は自身でサービスを利用できる仕組みを用意しておくことが重要だ。

原則5 個別対応と生産性指標のバランスを取る

「1時間あたり何コール処理する」という生産性指標を達成することを目標にして、1コールにかける時間を極力短縮して、多くのコールをさばく。こうした生産性ＫＰＩを重視するセンターは少なくない。だが、〝能率主義〟は、さまざまな弊害をもたらす。

例えば、コール処理時間に基準や目標を設定すると、オペレータは必要なこと以外の会話を顧客としなくなる。あるいは、無駄話をしてはいけないと考えてしまう。こうした状況で、顧客の期待に応えて、さらに感動をもたらすことなど不可能だ。能率主義のセンターに電話をかけた顧客は、対話から事務的な響きを嗅ぎ取って「自分に向き合ってくれていない」と感じてしまう。これでは、Ｍe2Ｂの世界を実現することはできない。顧客

図 1・7　顧客対応の時間にノルマを設けてはいけない

が電話をかけた理由はさまざまであり、個々の状況を斟酌した応対こそが顧客の期待に応える姿勢の大前提だ。

センターをマネジメントする上では、ＫＰＩも大事な要素だ。個別対応と生産性ＫＰＩ追求を両立することに成功したのが、第５章に詳述するＳＢＩ証券だ。「ありがとうＫＰＩ」という応対品質の追求を優先課題として取り組んだ結果、丁寧な応対が顧客の安心と信頼をつむぎ、聞き直しもなく納得した顧客が増えたことにより、結果的に少ない人材で多くの問い合わせに対応できるセンターに変革した。聞くべきことを聞き、納得できる対話によって顧客が何回もかけ直すこともなくなり効率化が果たせたのだ。このように双方の視点を保ちながら運用することがＭｅ２Ｂの実現には不可欠だ。

事務処理の効率化を進めることと、人間相手の応対の効率性を同次元で判断してはならない。

原則6　サービスコストの妥当性を追求する

サービスにかけるコストが妥当か、効果を期待できる投資とするべきか、それらをどのように見極めるかは、経営の基本として常に追求しなければならない。

新しいサービスを展開する場合には、当初の計画通りのプロセスで運用できているかを検証する必要がある。具体的には、顧客からの声に不便・不満足が多く見られる場合や、予測を大きく上回る問い合わせ件数となったケースなどをチェックすべきだ。

プロセスを改善する際に重要となるのが、コストをどのように正当化するかである。このプロセス改善費用は、予算を策定する段階で織り込んでおく必要がある。既存顧客のロイヤルティを向上させる施策にも時間や人に対する投資が必要だ。離反抑止、ライフタイムバリュー（LTV：Life Time Value：顧客生涯価値。ひとりの顧客が取引期間を通じて企業にもたらす売上額や利益など）や顧客単価の増加などが投資効果として見込める場合は問題ない。だが、日々の問い合わせに要するコストの正当性を証明する汎用的な公式は存在しない。センターごとに、独自の経費測定と配賦の仕組みを構築しなければならない（測定するための具体的なヒントは第3章で解説する）。

コールセンターのコスト管理が難しいとされる原因は次の要素にある。

①オペレータマネジメント

オペレータを一定人数集めてトレーニングを行っても、全員が同じような品質とパフォーマンスを発揮するわけではない。一人ひとりの素養・資質や性格も影響してくるため、大規模なセンターであっても、計画数値だけでは完璧な運用はできない。

②チームワーク

お互いに助け合い、学び合う組織風土が作れなければ脱落者が生まれるし、本来の目的である業務以外の人間関係で辞めていくメンバーが後をたたない。

③可視化しにくい学習成果

正社員だけではなくアルバイトや短期契約での雇用が多いことから、離職率が高いこともコールセンターの特徴だ。結果、常に人材を教育する必要があり、トレーニング受講者の個別の学習成果を可視化することも至難の業だ。

④効果検証までに時間のかかる品質改善

コールセンターが運営の目標とする「つながりやすさ」をはじめとする品質が安定するまでにはオペレータの教育、体制強化などへの投資が必要であるため、即時的な成果は見込めない。

このように、コールセンターの運用は、多くの要素が絡みあっているため、特定の施策にかける時間や費用への投資効果を正確に示すことは難しい。コストの適正化や削減という視点だけに偏って経営判断してしまえば、品質の低下を招き、数カ月か後に顧客との将来の関係性に大きな影響をおよぼしかねない。

ある程度の規模と運営プロセスを形作るまでは、投資期間が必要であることを知っておかなければならない。一定のレベルに到達できれば、過去の運営実績をベースとした投資効果の判断が可能になる。センターの成熟段階を見極めることが不可欠だ。

また、品質や効率を強化する際には「限界収穫逓減の法則」が働くことを常に念頭におく必要がある。投入するリソースや時間、費用は最初のうちは十分な期待効果となって現れるが、成熟段階になると、投資コストに対して僅かな効果しか生まなくなってくる。

コールセンターにおいてはさまざまな施策をどのような優先順位で実施し、複合的に発生する課題をどのようにバランスを取りながらマネジメントするかという最適解が求められる。

原則7　完璧を求めない進化

顧客の期待値は、日々高まる。例えば、他社で優れたサポートを受けて一度は感動したとしても、次に同じような対応をされたとしたら感動はしない。そのうち慣れて「これが普通」と感じるようになっていく。だからこそ、コールセンターでの対応内容や運用手法は、常に進化し続けなければならない。

また、多くの企業が対応チャネルを拡張している。問い合わせチャネルではメールの割合が増え、顧客側のツールではスマートフォンからの情報収集や問い合わせが増えている。固定電話とは異なり、いつでもどこでも確認できるスマートフォンの利用者は、よりスピーディーな対応を期待する。チャット対応のニーズも高まっており、Ｗｅｂコラボレーション（ブラウザの共有など）による代替操作やサポートが求められている。

Ｗｅｂサイトのコンテンツも、よりわかりやすい動画へのアクセスが増えている。サポート面でも映像を使ったサポートを求められる業種も出てきている。チャネルと解決手法は常に進化を続ける。

また、インターネットから得られる情報量が増えた結果、選択に迷い、自身のライフスタイルや利用シーンに最適なものがわからなくなって問い合わせをする顧客もいる。顧客接点が多様化した結果、一貫性に欠いた情報や、わかりにくい情報が増えてしまい、その解釈を求めて問い合わせに至るケースもある。問い合わせの理由が、従来の使い方などの単純なものから複雑なものへ変わってきているということだ。そうした多くの情報を持つ顧客に対応するには、顧客が持つ以上の情報量と、それをわかりやすく顧客に説明する表現力が求められる。

コールセンターでは、顧客が「何を見てどのように反応したか」を常にチェックしなければならない。サービスプロセスの一貫性を保証するため、細分化した顧客対応のほころびやボトルネックのヒントを探すことがオペレータ個人のレベルまで必要となっている。

こうした顧客の利便性追求は、企業同士の競争力に直結する。コールセンターとしては、インフラを整備し、最新技術を把握しながらチャネルごとの特性を活かした利便性を追求しなければならない。

進化の過程における注意点は、一度に完璧を目指さないことだ。実際に、顧客対応をする中では、１００％の満足を得ることは難しく、具体的にどこから着手してよいかわかりにくい。

ある程度の失敗を重ねながらも、顧客を相手に実験を繰り返さなければ〝正解〟は見えてこない。

ある健康食品の通信販売会社では、オペレータと顧客の会話の親密レベルが顧客の継続利用にどのように影響するかを調査した。具体的には、健康、食事、運動、家族、ペットなどの話題で顧客とのプライベートな会話を行うチームと、通常のコールセンターの標準的なトークフローのみで対応するチームにわけて対応を実施。結果は、前者のチームが圧倒的に高い再購買率、定期継続率を生み出すことが明らかになった。

通常、オペレータは会話の中でオープニングの1回しか自分の名前を名乗らないが、会話が発展すると顧客の方からオペレータに名前で語りかけるケースも多く見受けられた。顧客との距離を縮めた結果、顧客自らプライベートな内容を話しはじめるのだ。この実験から、親密さが顧客の満足度に大きく影響する因子であるとして、その会社では「親密度指標」を設定し、すべてのコールに適用しようとしている。オペレータは顧客の居住地域ごとに担当制としており、その地域の天候や出来事を会話に含めながら一人ひとりの顧客に合わせた会話をする。「電話をしてよかった」「電話をもらってよかった」と思ってもらうことで、信頼関係を作り出した。この取り組みにより、同社は安定的な顧客基盤を構築し、事業運営に成功している。

どのようなサービスが受け入れられるか、顧客の期待に合うのはどのようなサービスかは仮説を立てた上で実験することが重要だ。

原則8　センターの成熟度に合わせた人材育成

コールセンターは、顧客の問い合わせ内容が集約される部門だ。消費者向けの商品やサービスを販売する企業だけでなく、法人向けビジネスにおいても取引先の数が多くなるほど、問い合わせ件数は増え、コールセンターの規模は大きくなる。

規模が大きくなると、次のようにオペレータの業務を支援するさまざまな専門家が必要となる。一例が次のようなものだ。

・「ワークフォース・プランナー」コール量を予測すると同時に必要なオペレータの数を時間帯ごとに試算して配置計画を作る
・「ナレッジ・マネージャー」知識を体系的にまとめ上げて誰もが均質な対応をできるよう、ツールの整備などを行う
・「トレーナー」知識やスキルを教える
・「クオリティアシュアランス・マネージャー」品質の測定基準を設定して評価を行う
・「プロジェクト・マネージャー」新たな商品のサービスプロセスを企画する

こうした専門家の存在なくして大規模なコールセンターの運営はできない。

一定数のオペレータをマネジメントする専門スタッフとして「スーパーバイザー」を置くのが一般的だが、いずれの職種でも専門スキルと経験が必要となる。

コールセンターは、電話とＰＣがあれば運用できるような組織ではない。経営に貢献する組織ほど専門知識を持つプロフェッショナルが必要となる。彼ら「ナレッジワーカー」をどのように育てるかは経営のカナメともいえる。これに合わせて、オペレータの採用と育成が伴わなければ採用や教育が過剰投資に終わることになりかねない。人を育てるには長期的な投資が必要となる以上、早い段階でセンターの将来像を描き、必要な時期に必要な能力を持つ人材が育つよう考えておかなければならない。

経済環境の変化、顧客層の変化——。あらゆる要素がビジネスに影響する。企業が顧客との信頼関係によって存続する以上、安定した顧客との関係構築・維持は不可欠だ。そのためには、顧客の期待をもっとも正しく、早く受け止めることができるコールセンターの潜在力を活かさない手はない。

第2章

企業の競争力を高める“並外れたセンター”のサービスプロセス

本論に入る前に、卓越したサービスプロセスを持つ事例を紹介する。

事例　ビジネスモデルを具現化するオンライン通販会社

インターネット普及の黎明期であった2000年頃は、ネット上で情報通信を行うことに、不安や抵抗を感じる消費者が多かった。

こうした状況の中、米国のオンライン通販会社にこのような問い合わせが入った。「ネットで買い物をしたいのですが、PCを持っていません。どのようなPCを買えばいいのですか」。そこで、電話で対応したオペレータは丁寧に買い物の相談に応じた。一週間ほど経って、同じ顧客から再度電話で問い合わせがあった。「相談に乗ってもらって選んだPCを買いました。これをインターネットにつなげないといけないのですが、どのプロバイダーを選べばいいのでしょうか」という質問だ。対応したオペレータは、今度は通信会社を選ぶ相談に乗り、電話を終えた。その後「開通しました！これをどのようにつなぐとWebサイトで買い物ができますか」という電話が入った。これにも丁寧に、インターネットの使い方やメールの設定、買いものの方法を説明して、無事ネットショッピングを体験してもらうことができた。

オペレータがこのように細やかなフォローをできた背景には、同社の設計したサービスプロセスが大きく影響していた。Eコマース（Electric Commerce：ネットショッピング）は、個人情報をインターネット上で扱うことから、消費者の〝不安心理〟も大きい。このため、「顧客がEコマースを楽しむために、直接の購買以外の質問にも回答する」という方針を立て、事前に起こりえるトラブルと対応を形式知化していたのだ。

具体的には、顧客がサービスを利用する過程で「これを知りたい」「次は何をすればいいのか」などの疑問や、つまずきやすい点、誤解しやすい点、悩みがちなポイント、知っていれば回避できる失敗例などを共有した。

これにより、ビジネスモデルを素早く、着実に現場へ浸透させることができた。これが実現した背景には、オペレータが「Eコマースの楽しさを顧客に知ってもらいたい」「楽しく買い物をする顧客を増やしたい」「電話でできることなら何でもお応えしよう」という使命感を持ってコールセンター業務に取り組んでいたことが挙げられる。テクニカルヘルプデスクのコールセンターではなかったが、顧客の多様な問い合わせに積極的に対応していた。こうした適切なプロセス設計が、同社の成長に直結したといえる。

コールセンターは「顧客の期待に応える品質を備えたサービス」を、常に提供する期待を背負っている。企業が掲げる「顧客重視」「サービス第一」というミッションを掛け声やお題目で終わらせないためには、精神論ではなく〝具体的なサービスモデル〟を作り上げなければならない。これがあることで、組織として優れたサービスを提供できる。一部の優秀な〝スーパーオペレータ〟が感動の顧客対応を時折行うのではなく、ごく平均的なオペレータが、日常的に良質なサービスを提供し続けられるようなサービスモデルが確立されていなければならないということだ。優れたサービスを提供している企業は、平均的なスキルを持つオペレータでも難なく実践できるサービスのプロセスを構築している。

なぜ、ヒーローが要らないのか。ヒーローがいる限り、その人が持つ感性や資質、努力で問題解決をしてしまう。こうなると、他のスタッフが学び成長する機会を奪ってしまうことになる。さらに、ヒーローがいつも困難な対応を引き受けている状況であれば、周りの人間には甘えが生じてしまう。その人がいる限り、困難な案件に向き合わなくて済み、気づきや解決の方法を習得するための機会を損失させる。だが、ヒーローはいつも、いつまでもいるとは限らない。ノウハウが蓄積できない組織はヒーローがいなくなった途端に、構造的な課題に直面することになる。良質なサービスを追求するには、誰もが実践できるプロセスを作り上げておくことが重要だ。

また、顧客をマネジメントする仕組みを設計することも重要だ。顧客から見て好ましいサービスプロセスとは、「顧客が自ら関与、もしくは参加できるもの」だ。詳しくは後述するが、顧客を訓練し、顧客自身の意志によってその企業の営業マンのように自主的に考え、動くことのできるプロセスを設計しておくことが大切だ。

サービスの内容、従業員と顧客のマネジメントシステム、そして企業文化がそのプロセスを補完する。企業の安定的な成長と、環境変化にも柔軟に対応する並外れたサービスを両立することは簡単ではないが、「良質なサービスを実現するモデル」は明確に定義されている。本章では、そのサービスモデルの設計方法について解説する。

これらすべてを充足させる完璧なサービスモデルを作り上げることは難しい。実現には障壁も多く、目標に挑戦する中で息切れしてしまうことは少なくないはずだ。そうした現実の中では、注力すべきサービスとそれ以外を分け、ときに切り捨てる覚悟も必要となる。完璧を目指すのではなく、充足領域を徐々に増やしていくことが実現への早道だ。

ポイント1　ビジネスモデルを支援するのがサービスプロセス
ポイント2　日常的に良質なサービスを提供し続けることが大事

事例　特定のビジネス領域で最高を目指すアメリカン・エキスプレス

クレジットカード事業を展開するアメリカン・エキスプレスは、トラベルとエンターテイメントの分野で、「最高のサービス」を提供し続けるために、常にプロセスを進化させてきた。

海外にビジネスや観光で出かける顧客向けに、フルサービスを提供する航空会社やホテルと連携し、さまざまな施策を展開している。空港への送迎や待合時間に利用するラウンジ、ショッピングを快適で便利なものにするための特典施策もその一例だ。多くの手荷物で搭乗する際にも、超過手荷物料金の無償化や座席のアップグレードなどが優良顧客サービスのプログラムとして用意されている。旅先のレストランを紹介することも、コールセンターで提供されているサービスのひとつだ。個人の旅行や出張で添乗員がいなくても、海外から電話一本でサポートを頼めるし、荷物の紛失や忘れ物をした際にもヘルプを要請できる。単に「ショッピングの決済をするだけのカード会社」ではなく、自社の顧客の行動と潜在ニーズに応える利便性と迅速なサービスを追求している。

同社は、時差のある海外からの問い合わせにも応えられるよう、プラチナカードの発行以前（1990年代初頭）から24時間体制でコールセンターを運用しており、20年以上を経過した現在でも継続して24時間365日のサービスを提供している。

当時、同業界では、予算面でも人員確保の面でも「24時間体制での対応は不可能」ということが常識とされていた。当時から、同社がメインの対象顧客としていたのは、頻繁に出張や旅行に出かける消費者。「夜間や休日は対応していません」という状況では、対象顧客であるプレミア・カスタマーの要求に合致しないことは明らかだった。そこで、〝対象顧客に高く評価されるサービス〟という視点で提供モデルを再設計した。こうして、誰もが気がついているが、

「仕方ない」「変えられない」という先入観にとらわれて活かしていなかった顧客の不満や不便の解消に努めたのだ。

その結果、利便性では他のカード会社より優位に立ち、多くの人達が好んでアメリカン・エキスプレスのカードを選ぶようになった。

問題は、このようなサービスを実現するにはコストがかかることだ。他のカード会社が営業時間を拡張できなかった最大の理由は、対応コストにあった。しかし、アメリカン・エキスプレスはこのコストをカバーするため、商品自体の再設計を行い、商品の〝ランク分け〟を行った。「この顧客には、この優良サービスを提供したい」「この顧客にはこのサービスが最適だ」というように、顧客ごとに最適なサービスのレベルを予測。その上で、上位クラスのカードへのアップグレードを推奨し、最上位のサービスには特定の条件を備えた顧客を招待した。言い換えれば、カード会社が「顧客を選ぶこと」と、「高い年会費を徴収すること」に成功したということである。選ばれた顧客は〝自分は優良顧客に選ばれた〟というステータスを感じ、結果的に高いロイヤルティを企業に持ち、長くカードを使い続けることになる。

このように、サービスの対象となる「顧客」を定義することも、サービスプロセスを設計する上で重要なことだ。

このような優れたサービスを提供するには、〝集中と選択〟が必要だ。同社では、すべての顧客の潜在要求に応えることを目指してはいない。トラベルとエンターテイメントに的を絞り、その分野で他に類を見ない高品質なサービスを実現している。旅行代理店顔負けの知識と提案力を持ち、24時間どこからの電話でも臨機応変に対応できるプレミア・カスタマーサービスの基盤を作り上げるにはかなりの労力を要するが、同社ではそれを着実に実行し、ロイヤルティの高い顧客を生み出すという成果に結びつけている。ただし、トラベルとエンターテイメント分野に関係がない公共料金の引き落としやリボルビングなどのサービスにはそれほど力を入れているわけではない。

サービスの品質を追求していくうちに、「あらゆる分野で最高のサービスを求めたい」という衝動にかられるマネジメント層もいるはずである。顧客の期待を裏切り、サービスの質を追求する努力を放棄しているようで罪悪感を覚えるものだ。これは、「最善を尽くさなければならない」という道義的な責任を感じるからである。だが、「大きな成功を実現するにはサービスの質を落とさなければならない分野がある」ということも認識していなければならない。

ポイント3　不満要因を差別化に活かす
ポイント4　顧客を〝選ぶ〟
ポイント5　すべての領域での完璧を求めない

事例　ファンを創るカルビーのカスタマーサービス

かっぱえびせんやポテトチップスなどの菓子製造事業者であるカルビーは、品質管理に徹底的にこだわっている。製造工程での異物混入や不良の検出は常に改善を重ねており、徹底した品質管理を行う。トラブルが発生した際には、15分以内に所轄地域の地域お客様相談室に伝達し、状況によっては2時間以内に顧客のもとへ駆けつけてお詫びと連絡をしていただいたことへの感謝を伝える。その上で、商品の状態を確認し、返品・交換するというプロセスが構築されている。経営直轄のお客様相談室は、リスクのある問い合わせ内容をすべて管理しており、顧客対応に全責任を負っている。食品会社としての倫理的責任をまっとうする業務プロセスだ。

そうしたプロセスとは別に、顧客対応関連部門は、重要な任務を負っている。それが「カルビーのファンを創る」というミッションだ。地域限定のものを合わせて、年間数十商品を新たに発売するカルビーには、熱心なファンが存在する。「あの商品はどこで買えるのか」「従来商品と比べて何が違うのか」「近くの店では在庫がなかったので補充してほしい」「容量を増やしてほしい」などさまざまな問い合わせや要望が寄せられる。そういったファンに対して、「カルビーサポーターズクラブ」というファンクラブをつくり、限定商品のプレゼントキャンペーンを行っている。また、製品へのこだわりや開発背景などの情報を提供し、工場見学や収穫作業などのイベント企画を行うなど、自社に親しみを持ってもらう機会を設けている。また、小中学校などを対象に食育教育を行い、お菓子のルーツや身体にもたらすメリットなども訴求。直営店は数店舗（＊2015年時点）だが、ファンサイトへの登録顧客数は数十万人にものぼり、それらの顧客の声はダイレクトにコールセンターが聞き届け、フィードバックするサービスプロセスが構築されている。

カルビーの顧客対応関連部門は、単に顧客の問い合わせに対して回答するだけの受け身型の窓口だけではない。顧客に能動的に働きかけて、安全・安心以外に楽しみを提供し、顧客の潜在期待に応えるプロセスを作り出している。こうした、各種のサービス自体が、カルビーの隠れた商品といえる。

ポイント6　アフターではなく最初から顧客を取り込むプロセスを創る

1　並外れたサービスプロセスを構築する

「大企業でなければ、あるいはコストをかけなければ、並外れたサービスプロセスを作り上げることはできない」と考えるのは早計だ。

ビジネスモデルが明確であり、それを実現するサービスプロセスに一貫性があれば、小さな企業でも顧客の信頼を得て成長することができる。企業の成長過程でサービスプロセスは複雑になるが、常に立ち戻って検証できる原理原則が貫かれていればマネジメント上に問題はない。

カルビーのコールセンター（お客様相談室）も十数名で運営している。明確なビジョンのもとに役割が定義されているがゆえに、少人数でもブレのない一貫したサービスが提供できている。

アメリカン・エキスプレスは、1850年の創業時のビジネスモデルであった運送業から、郵便為替やトラベラーズチェックなどの金融事業にシフトした。さらに、ジェット旅客機の就航と海外旅行の大衆化が進んだ1960年以降は、クレジットカード・ビジネスを中心としたトラベル&エンターテイメントに軸足を移している。時代や状況の変化に合わせて、徐々に高いブランドイメージを確立してきた。ブランドを形成するためのマーケティングと顧客接点のコールセンターは、同社のビジネスのコアともいえる部分だ。安定的な成長を実現できた大きな要素だといえる。

並外れたサービスは、ビジネスモデルを強力に支援する力である。

サービスプロセスを作り上げるには、対象顧客層と、それを実現するための社内体制を明確にしておく。労働集約的な組織であるコールセンターであるがゆえに、継続的に良いサービスを提供するための人材マネジメントとモチベーション維持の工夫、言い換えればコールセンターのガバナンスの仕組みを明確にしておくことがポイントとなる。

2　サービスプロセス構築の前提「顧客の定義」

一般的に、企業では顧客属性を年齢・職業・居住地域・家族属性・ＲＦＭ（Recency Frequency Monetary）によるポートフォリオなどのプロフィール分類による「マーケティング・セグメント」で管理している。

この概念とは別に、「オペレーション・セグメント」と呼ばれる分類方法がある。これは、顧客のライフスタイルや嗜好性、ニーズ、優先順位、購買決定の要素などで分類するものだ。一般的に、あるマーケティング・セグメントに分類された顧客であっても、ニーズは顧客ごとに異なっており、企業側も複数のオペレーション・セグメントを用意しているはずだ。

例えば、健康食品の「青汁」を毎日飲用する人の中には、「口当たりがよく飲みやすいことが大事」と思っている人と、「最も健康でいられるよう、素材や製法にこだわった商品を教えてほしい」と求める人がいる。当然、各々のセグメントに提供すべきサービスの要素はまったく異なる。企業としては、どのような顧客にどのようなサービスプロセスを提供するかを定めておかなければならない。

まずは、対話の内容から、どの顧客にどのようなニーズがあり、どのセグメントに属すのかを把握する。その上で、サービスの方向性を決めるべきである。

対応すべき顧客が定義できれば、その顧客に一貫性のあるサービスが提供できるようにプロセスを設計する。対象顧客とやるべきことを絞り、他は切り捨てる。これによって、対応すべき顧客への責任を果たすことができる。

サービス企業の経営者には、違和感があると捉えられがちな考えではあるが、製造業の経営者には当然の発想だ。流行の服を安価に提供するには、コストをかける素材とかけない素材の選定をしなければならない。目的のためには手段を選ぶことが重要だ。

3　並外れたサービスを提供する人材

コールセンターは、労働力への依存度が高い労働集約型の組織だ。したがって、センターで就業する「人員」が重要な資産といえる。品質の高いサービスが提供できるかどうかは、オペレータ個人の能力にも、大きく左右される。

センターを開設して時が経つと、現場スタッフの業務は複雑化していく。新商品や新サービスが導入されると、運用方針やルール、手続き方法や商品知識などが増えるからだ。また、これらを支援するナレッジやテクノロジーも導入するとさらに複雑化する。顧客セグメントが増えると、自社のホームページやコミュニティ、その他の顧客接点を増強、改善しなければならない。

汎用的な疑問であればWeb上でも回答を得られるようになったことから、コールセンターへの問い合わせ内容は難化している。Webサイトなどから、誰もが多くの情報を取得できるようになったため、誤った知識や、独自の解釈を持ってコールセンターに問い合わせるユーザーも増えている。情報量が増えたため、オペレータがすべての情報を把握するのは難しく、判断に迷うシーンも増えている。オペレータの業務はますます複雑化し、より高度な対応スキルが求められようになった。

多くの損害保険会社ではオペレータの育成期間として、着台（業務開始）前に、約2カ月の座学研修を行っている。ここで、膨大な商品知識や電話やメールの対応スキルを身につけ、情報システムの検索・入力操作方法を習得する。一人前のオペレータとして合格水準に達するまで6カ月要するという企業もある。着台後も、新たな商品やサービスが追加されると、その都度知識を習得していかなければならない。

こうした中、どうすれば顧客に満足してもらえる対応ができるオペレータを育成できるのか。成功しているサービスモデルでは、スタッフの能力と意欲を高めるための合理的な仕組みが備わっている。採用、トレーニング、職務定義、評価、育成指導のカリキュラム、スキルパス、キャリアパス、就業環境、職場でのコミュニケーションなど、人を支援する仕組みが整備されている。

多くのセンターでは、すべてのオペレータが目標に向かって完璧に仕事をこなすことを期待し、それを達成するための業務量と品質を目標値に設定して運営している。ところが、実際には、オペレータの能力に差があり、勤務態度や学習意欲も異なり思い通りの結果にならないはずだ。生身の人間の集団であるからこそ、そこには人間味のある施策と余裕のあるオペレーションになるような設計の周到さが必要だ。

人材マネジメントに必要な要点は7つある（**図2・1**）。

①職務定義

人材を採用する前の段階で不可欠なのが、職務定義だ。センター内に必要なスキルと人材を定義するには職務定義が前提となる。業務の内容を具体的に記述する。

「コールセンターのオペレータ」の経験者を採用する場合であっても、企業が変わればサービスモデル、業務内容は異なる。期待値も評価軸も異なり、業界標準はない。だからこそ、企業独自の職務定義が必要となる。採用の段階では、その人の役割と期待しているレベルをきちんと伝え、採用側と応募者が業務内容を理解していなければならない。業務内容はあらかじめ、明文化してまとめておくべきだ。

電話に応対するメンバーの呼称も、オペレータ、テレフォンアポインタ、コミュニケータ、アドバイザー、REP、CSR、TSR、エージェント、コンシェルジュ、コンサルタントなど多様で企業ごとに異なる。各企業が自社の

図 2・1　人材育成（マネジメント）に必要な7つの要点

1 職務定義
2 人材採用
3 トレーニング
4 評価方法
5 管理者を育てるカリキュラムとメカニズム
6 スキルパス
7 キャリアパス

サービス目的に合わせた名称としている。

保険会社のコールセンターでは、まだ契約に至っていない潜在顧客の対応チームと、すでに契約している顧客の対応チーム、代理店対応チーム、窓口販売業者の対応チーム、不備対応のチームなど問い合わせをしてきた対象者別にチームを運営しているケースが多い。問い合わせの対象となるサービスや内容が異なるからだ。こうした場合には、全チームに共通する期待値（基本要件）とチームごとに異なる期待値や具体的な職務内容は、「職務定義書」として書式化すべきだ。

事業環境やセンター全体の品質や効率、オペレータの習熟度は変化し続ける。顧客の期待値も変わっていく。職務定義の内容は、定期的あるいは適宜、更新が必要だ。

定義書は、スーパーバイザーをはじめとしたセンター内のスペシャリストにも必要だ。職務内容を公開しておくと、キャリアアップを望むスタッフは、こうした情報を参考に、将来に向けて必要なスキルを自発的に学ぶことができる。

最高のサービスは、すべてのスタッフが自分の役割を果たすことで実現できるものだ。そのためには一人ひとりが何をする役割と義務を負っているのか、明確に把握できる仕組みが必要だ。

②人材採用

新商品発売に伴って、今月中に10名採用しなければならないことになり、急いで求人サイトに人材募集の掲載を手配した。すぐに採用には備えたが、実際に履歴書が送られてきたのはわずか5名――。

多くのセンターがこうした経験をしているはずだ。労働人口の減少などから、人材の採用は難しくなっている。今後も全国的に採用難は続く見込みだが、自社の求める資質を妥協するなら最低限〝これだけは必要〟というラインをあらかじめ定めておかなければならない。

例えば、ホスピタリティを目標としているセンターであれば、効率主義の人材を採ってはならない。採用したものの、現場で教育するメンバーは戸惑う。着台(研修を終えたオペレータが、顧客対応の実業務を開始すること)したとしても、ホスピタリティを発揮する対応は難しい。結果、センター自体がミッションや目標からかけ離れていく。

あるいは、チームで達成すべき目標のあるセンターであれば、協調性のない人材は向かない。ＩＴの知識が必要な業務であれば、「これがわかれば育成できる」という最低限の知識と経験のレベルを明確にした上で採用すべきだ。

また、採用計画は、前倒しで行わなければならない。ピークシーズンの前には着台できるよう数カ月前からの準備が必要だ。通年で採用を行うセンターもある。他部門と連携を図り、新製品やサービスの発表の情報を前倒しで把握できることが理想的だ。

募集方法や掲載媒体も重要だ。Ｗｅｂサイトや新聞、求人媒体など多様にある媒体から、「求める素質を持つ人材が見ると予測される媒体」を選ばなければならない。すでに自社に定着しているスタッフに友人や知人を紹介してもらうキャンペーンなども有効だ。期待する素養を持つ人材が集まる〝場所〟での募集も効率的だ。学校やＰＣスクール、カルチャー教室、スーパーマーケットなども募集広告を掲載できる。学校とのインターンシップ制度での連携を組むことや、コールセンター側から学校に出張講義を提供するなど、多様な関係を構築することも考えておく必要がある。関心のある人材向けに〝ビジターツアー〟の順路を用意しておき、候補者のモチベーションを高める演出も有効だ。遠方の人材でも面接、採用する工夫もいる。資質や素養を見極める試験や電話インタビューなども可能だ。

最高のサービスを実現するためには、望む素養を持ち合わせた人の集団を作ることが最初のステップとなる。

③トレーニング

採用してから着台前に行う初期研修では、多くの情報を習得してもらわなければならない。一例が次のようなものだ。

・コールセンターのミッション／ビジョン
・業務知識
・勤怠制度
・業務手順
・システム操作
・品質評価制度
・応対姿勢と方法
・文章作成方法
・社内規程

その他、多くの研修メニューが用意されている。

前述の米ザッポスでは、これらの研修を入社前に受け、最後の試験に合格しなければ採用には至らない。研修期間中に「これだけ多くの事柄を覚えなければ仕事が務まらないのか」と不安を感じ、途中で辞退する応募者は少なくない。しかし、研修内容を基礎的なスキルのみに絞り込むと、着台後に適切な顧客対応がわからず、そこで脱落者を生むことになる。初期研修と着台後のスキルアップ研修のバランスを取り、難易度や期間、範囲を定めなければならない。

トレーナーによる座学研修や実際にオペレータが応対している映像、顧客との応対音声などを利用して臨場感ある研修プログラムを用意しておき、研修をはじめる前の段階で見てもらうと、オペレータの理解は深まる。

コールセンターでは〝シフト〟型の勤務形態を採用するケースが多いことから、全オペレータを一度に集めて行う集合研修やミーティングの時間を調整できないというセンターも少なくない。このため、eラーニングで個人個人がシフト時間帯の中で短時間トレーニングを自習する仕組みを採用している企業は多い。中小規模のセンターでも外部のシステムを活用すれば、低コストでeラーニングの仕組みを作ることは難しくない。業務開始後も、新たな商品やサービスが提供される際の手順変更などにも、eラーニングの個別学習は有効だ。

並外れたサービスを提供している企業は、個人のスキルに依存することなく、教育研修に力を入れている。カリキュラムも多様で、申請すると好きな講座を受講できる。例えば、「タイムマネジメント」「クレーム対応」などだ。オペレータごとに苦手なポイント、伸ばしたいスキルは異なる。申請方式で受講できる仕組みにしておくと、自発的に能力を磨きたいスタッフのモチベーション維持と品質向上につながる。オペレータから「今、これが知りたい」「ここがわかりにくい」という声を集めて研修内容を決めるのも有効だ。

教育研修プログラムはオペレータのみならず、スーパーバイザーやトレーナー、コーチ、品質管理責任者、ベンダーマネージャー（業務委託先をマネジメントする専任者）、プロジェクト・

マネージャーなどのマネジメントやスペシャリストに対しても必要だ。社内で調達できない研修プログラムは、外部研修も組み合わせて取り入れるべきだ。最高のサービスを提供するには、最高の品質や技術を学ばなければならない。教えていないことを求めると、現場は当惑するだけだ。

④評価方法

自分の働きぶりは、期待通りなのかそれ以下なのか、誰もが不安に思う。コールセンターに導入されている交換機のレポートでは、処理件数や処理時間などが記録されているため、個人やチームごとにパフォーマンスの実績値を知ることができる。ただし、重要なのはそうしたパフォーマンス指標の値ではなく、「品質」だ。

顧客との会話で伝えるべきことを伝えられているか、聞くべきことは聞き出せているか、顧客の個別的な事情を理解して適切な情報を提供できているか、共感しているか、必要なひと言を沿えられているか、顧客は納得しているか、喜んでいるか、気持ちを通わせることはできているか、潜在的な不安や期待に応えているか。こうした品質は、第三者が音声をモニタリングしなければわからないことが多い。

できるだけ多くのコールを聞き、メールを見て、オペレータ全員の「良い対応」「悪い対応」

を知った上でなければ、「良し悪し」の品質を評価することはできない。オペレータ個人の対応にも「この応対のここが素晴らしい」「この反応は、このような表現にすると伝わりやすい」など、具体的な評価と改善策を伝える。ポイントは、オペレータの良い所を伸ばすこと。重箱の隅をつつくような粗探しや指導をしていると、オペレータのモチベーションは下がっていく。「公平公正に評価してもらえている」という安心感と、「自分を成長させるためのアドバイスをしてくれている」という信頼感は、人材管理の基本だ。

モニタリングの目的は、研修後の学習レベルの評価や、新サービス導入時の顧客の反応調査、潜在期待への応え方、特定顧客層への応対満足度の評価などさまざまだ。それによってモニタリングの方法やポイントも変わってくる。「評価をすること」自体が目的なのではない、特定の目的を実現するための手段だと知っておく必要がある。

モニタリングを行うのは、品質管理担当者やスーパーバイザーだけではなくオペレータ同士で行うのも有効だ。互いに評価し、認め合う組織を作ることができれば、品質は確実に向上する。最高のサービスが実現できているかどうかは、「顧客満足度」という外部評価だけでなく、関与する全員が確かめ合うべきだ。

⑤管理者を育てるカリキュラムとメカニズム

オペレータの業務遂行能力は、ｅラーニングとチームごとに行うトレーニングと日々のＯＪＴの併用で養う。同様に品質強化はモニタリングとコーチングで強化を図る。これをしないセンターはないはずだ。

忘れがちなのが、管理者の育成だ。オペレーションに責任を持つリーダーやスーパーバイザー、マネージャーの能力は、オペレータの指導力に直結する。企業の戦略方針をよく理解した管理者がいてこそ、高品質なサービスを提供できる。人を育成する重要性を理解し、日々明るい振る舞いで積極的にコミュニケーションを取り、柔軟な思考とリーダーシップでメンバー全員の手本となる。こうした管理者を育成できるかどうかが、センターの運営能力を大きく左右する。マネジメントを育成することはセンターの経営課題だ。このような管理者が育成できているかどうかはチームの退職率を見ると明らかだ。モチベーションの高いメンバーは勤怠がよく、そうでなければ休みがちや退職につながっている。

貴重な戦力を失わないためにも、管理者にはコーチングの素養や人材管理の基本をトレーニングしておかねばならない。知っておけば回避できる「気力を削ぐ言動」を減らすことは、チームワークを機能させ、退職率の低下にもつながる。管理者が持つべきリーダーシップをトレーニングできれば、第一段階として管理者が存在する状況下でオペレータやスーパーバイザーなどの部下たちのモチベーションが高まる。第二段階では、管理者がその場にいなくとも、現場が高いモチベーションを維持できる。トレーニングにより、こうした仕組みをつくることが、マネジメント層の仕事だ。

最高のサービスを追求し続けるには、同じ思いを共有しているスタッフの集団でなければならない。一過性ではなく継続的なトレーニング、それも管理者も含めた全スタッフに対するトレーニングの機会を用意する。その結果、将来方向のベクトルが揃った集団となることができる。メカニズムが重要だ。施策とメカニズムで、連鎖するＤＮＡを全員で作って継承していくということだ。

⑥スキルパス

定着率を高めつつ、継続的に能力を強化する筋道をつけるのがスキルパスだ。オペレータがチームのリーダーになり、スーパーバイザーになっていくというキャリアを積み重ねることは、本人のモチベーションになる。どのようなサービスモデルであっても、応対内容を分析すればオペレータのスキルを数段階のレベルに分類できる。

スキルパスの一例としては、最低限身につけるべき基礎スキルが、顧客の特定、過去の購買履歴のチェック、そして用件の確認と最適な回答の提示。次が、注文のキャンセル、返品・返金業務など複数の業務を対応するスキル。その次が、潜在ニーズの発掘やプロセス・ルールの定まっていない例外対応や個別事情を把握した上での臨機応変な対応などである。

このようにレベルを定め、それぞれのスキルに、特定の知識と応対手順を設定することが必要だ。段階的に学び、スキルを身に着けていくことで、オペレータは徐々に自信をつけていく。ストレスも少なく、自ら次のステップに進みたいと考えるようになる。こうした段階的に達成感を得る仕組みをつくることは、オペレータの能力開発には非常に有効だ。新人研修で長期的なトレーニングを行って理想的な能力が身についてからというモデルよりも早く着台できる。教育者側の負荷も、はるかに少ないもので済ますことができる。能力も確実に身につき、脱落者も減らすことができる。オペレータも、自分の目標を設定しやすく、励みとやりがいを感じながら毎日の仕事に集中できる。

さらに、スキルレベルと給与体系、あるいはボーナスやインセンティブが連動していることが望ましい。スキルのアップグレードには報奨で報いることが理想的だ。

最高のサービスは、一朝一夕に実現できるものではない。到達する目標が明確で、段階を追ってそこに到達する道筋が明らかであること。そして、段階を追って能力を強化できる仕組みがあることで実現されていくものだ。

⑦キャリアパス

一連の業務分野でステップアップする〝スキルパス〟とは異なり、〝キャリアパス〟とは職種を変遷するステップのことだ。例えば、オペレータやスーパーバイザーからトレーナーや品質管理者になったり、センターで学んだ商品知識を活かして店舗の販売員を目指したり、マーケティングや商品開発へ異動するという社内異動がある。

顧客対応では、「お客様のため」を考えて行動し、「お客様が喜ぶことが嬉しい」という経験を積む。スキルを向上させることで、より深い顧客応対の洞察を得ることができる。また、自社のサービスプロセス、業務プロセスを体系的に理解できる。自社のプロセスと顧客の要望とのギャップを理解できる素養を養うこともできるため、コールセンターから他部署に転属したとしても貴重な戦力となる。

コールセンターのスタッフも、顧客対応をする中でサービスプロセスのボトルネックに気がつく機会は多い。そうしたボトルネックは、スタッフの興味対象であれば、転属を希望する動機にもなる。

さらに、コールセンターのマネジメント層にとってのメリットも大きい。コールセンター出身者が社内の他部門に多くいると、コミュニケーションも取りやすく、業務の連携や調整もしやすい。

社内転属は三方一両得といえる。組織は硬直化を避けなければならず、部分的定期的な新陳代謝も必要だ。そのためにも最適な施策といえる。

最高のサービスを提供する体験を積んだスタッフは、社内のあらゆる部門へと羽ばたいてもらおう。それこそが、企業全体が一層の顧客志向となるための近道でもある。

4 並外れたサービスを提供するコールセンターの共通項

並外れたサービスを提供しているコールセンターには共通点がある。

長時間勤務が苦にならない環境を意識的に作っていることである。オペレータのみならず専門スタッフも、日がな一日同じ場所で働くため、神経を使っている。さまざまな顧客と対話するオペレータがストレスを抱え込まないためにも、打ち解けて話すことのできる仲間の存在が不可欠だ。また、耳と頭と口と手を複合的に使う職種であるがゆえに、楽に操作ができる設備も必要だ。自身の仕事が会社の役に立っているというモチベーションがなければ長期間の勤務は望めない。従業員満足度が高い職場になるには、休み明けの忙しい月曜日の朝にも会社に行って職場の仲間達と働きたいと思えるかどうかがポイントだ。そのように思ってもらうための4つの要素をまとめたのが図2・2だ。

①信頼できる職場の先輩と仲間の存在

オペレータは、業務時間中、電話や画面越しに顧客と向き合い続けている。店頭や営業担当者などの接点と比較しても、顧客と接する時間は長い。つまり、休憩時間を除いて、社内のメンバーとコミュニケーションを取る時間はほぼない。一日の業務を振り返って、「対話をした相手は顧客だけ」という状態では、企業への帰属意識もチームワークも生まれない。品質向上や顧客満足、各種KPIなど共通の目標を持ち、チーム全員で成し遂げる達成感を味わってもらいたいものだ。

あるいは、上手に対応できないコールがあったなら、チームのメンバーに相談し、その原因や改善策についてのヒントを得て帰宅してもらいたい。

そのためには、いつでも、どのような内容であっても話しあう

図 2・2　理想的な職場になるための4つの環境要因

1　信頼できる職場の先輩と仲間の存在
2　働きやすい環境
3　情報システムの支援
4　経営陣の理解

ことのできる仲間意識、チームワークの醸成は不可欠だ。業務知識や手順、ルールなど、直接業務に関係することだけではなく、家庭や友人関係についても話しあうことのできる仲間の存在が長時間の仕事に耐える拠り所になるはずだ。

新人のオペレータには、メンターをつけることもある。メンターとは、新入社員などを精神的にサポートするために、業務面以外の悩みや困りごとなどをサポートする専任の担当者だ。メンターは、同じチーム内に所属している必要はなく、他のチームやスペシャリストでも構わない。慣れるまでの特定期間、スーパーバイザーが毎日、日常会話を交わすだけでも有効だ。必須条件は、〝面倒見のいい先輩役〟ができることだ。また、交換日記を行っているセンターも数多い。

「いつも自分を見てくれている人がいる」「困ったときには助けてもらえる」「仕事の苦労を分かち合える」「何かを達成した時には一緒に喜べる」という気持ちをセンター内の全員が持っているセンターは活気があり、明るい。気持ち良く仕事ができていなければ、自信を持って顧客対応はできず、顧客に喜んでもらうことなどできない。

また、スーパーバイザーとの定期的なレビューは毎週、センター責任者からの報告や評価は毎月、ただし規模によっては四半期に一度は行うべきだ。

最高のサービスは最高の仲間から生まれる。「あ、うんの呼吸」で働けるチームワークがより一層、サービスを磨く。

②働きやすい環境

終日、椅子に座り、ヘッドセットをつけ、ディスプレイを見ながら業務を行うオペレータ。自身では、姿勢を変える程度しかできない。長期で働いてもらうのであれば、そうした環境の苦痛を少しでも減らす工夫が不可欠だ。

そのために必要なのがエルゴノミクス面での配慮だ。エルゴノミクスとは、快適で使いやすい設計・デザインされたハードウエアおよびソフトウエアのこと。

コールセンターにおけるエルゴノミクスとは、机・椅子などの位置や高さをオペレータの身体特性にあわせて変えられるように人間工学的な配慮をすることだ。空調や照明についても、特定の場所にだけ風が当たる状況や日光・照明の反射などでの影響がないように配慮する必要がある。もっと身近な例ではオペレータが身につけるヘッドセットがある。マイクの指向性やノイズキャンセル機能なども長時間使用するものだけに十分な配慮が望まれる。

他方で、膨大な顧客情報を取り扱うコールセンターは、セキュリティ確保のため他の部門からは仕切られた専用スペースとすることも考慮しなければならない。個人情報などの持ち出しを防ぐため、ペーパーレスでの運用も基本だ。それらを意識したレイアウトにすることもエルゴノミクスと同様に環境設計に反映させるべき要素となる。

レイアウトの検討に際しては、はじめに、戦略を実現するために最適なチームの人数、今後の増減の見込み、座席が固定型か変動型か、スーパーバイザーへのヘルプ要請の方法、会議の目的別の頻度や内容、ホワイトボードやテレビ会議の配置、全体会議のスペース、トレーニング用の専用スペース、ポスターや掲示物の張り出しスペース、モニタリング専用スペース、スーパーバイザー同士のコミュニケーション頻度、休憩や昼食の時間帯や必要席数などを洗い出す。レイアウトを決める前に情報や将来への計画を踏まえて、最も稼働しやすく効率的にチームワークを強化するオフィス空間を設計しておかねばならない。

　レイアウトは、人間関係やモチベーション、生産性、退職率まで影響するものだ。センターのロケーションによっては、駐車

図 2・3　コールセンターの情報システム概念図

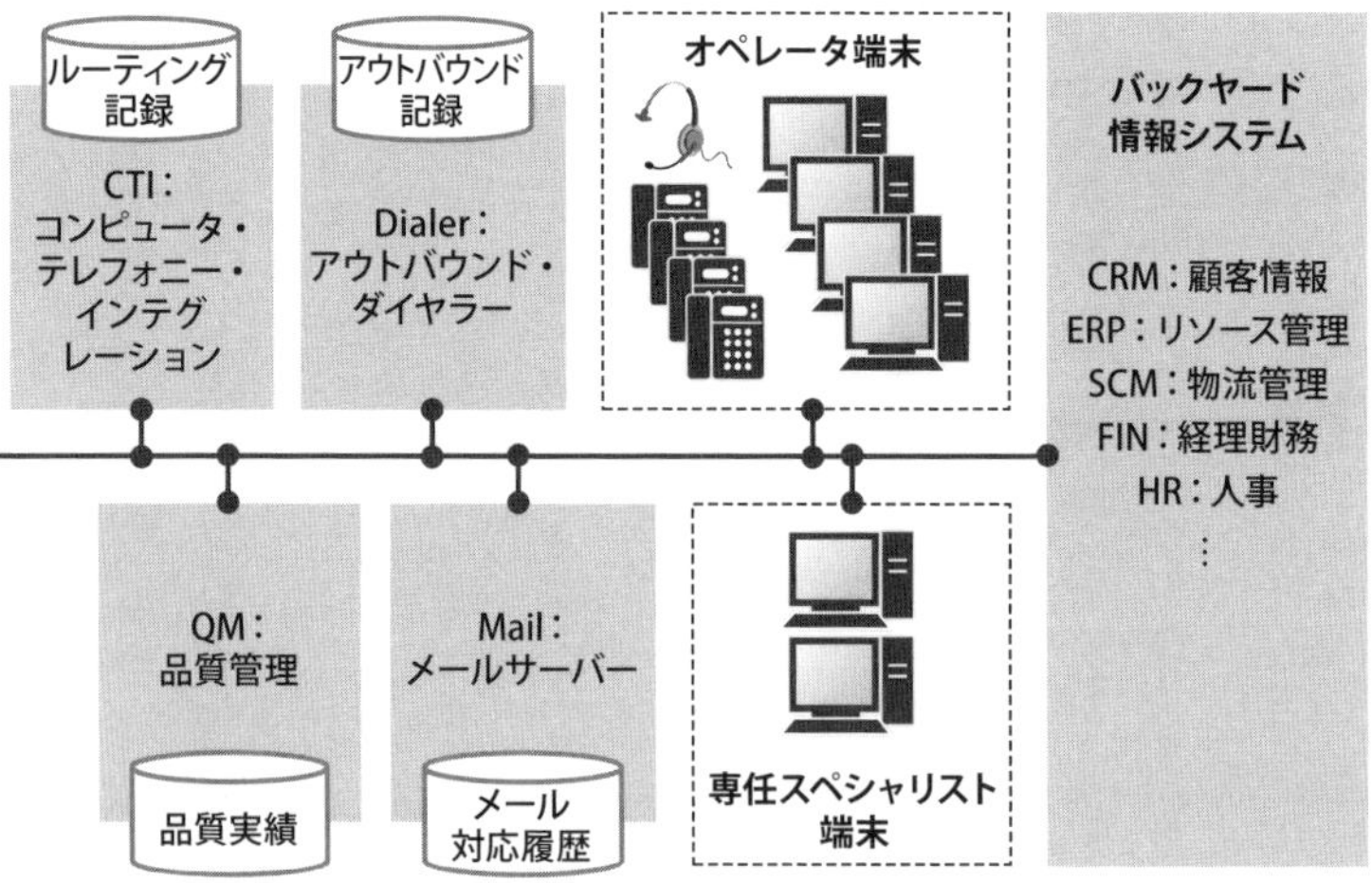

場の確保や、ロッカールーム、食堂、コンビニ、託児所、寄宿舎、防災備蓄などの必要性を評価して設計に反映させる。最高のサービスは働くスタッフが「最高」と思える場所から生まれる。誇りを持てる環境がモチベーションを高める。

③情報システムの支援

オペレータの努力だけで、並外れた品質を提供し続けるのは容易ではない。対応商品や問い合わせ内容が多様化するほど個人のスキルに依存する量を減らしていかなければ、品質は維持できない。オペレータや管理者が努力でまかなえないところにこそ、テクノロジーの助けが必要だ。センターで活用されているシステム例が**図2・3**だ。

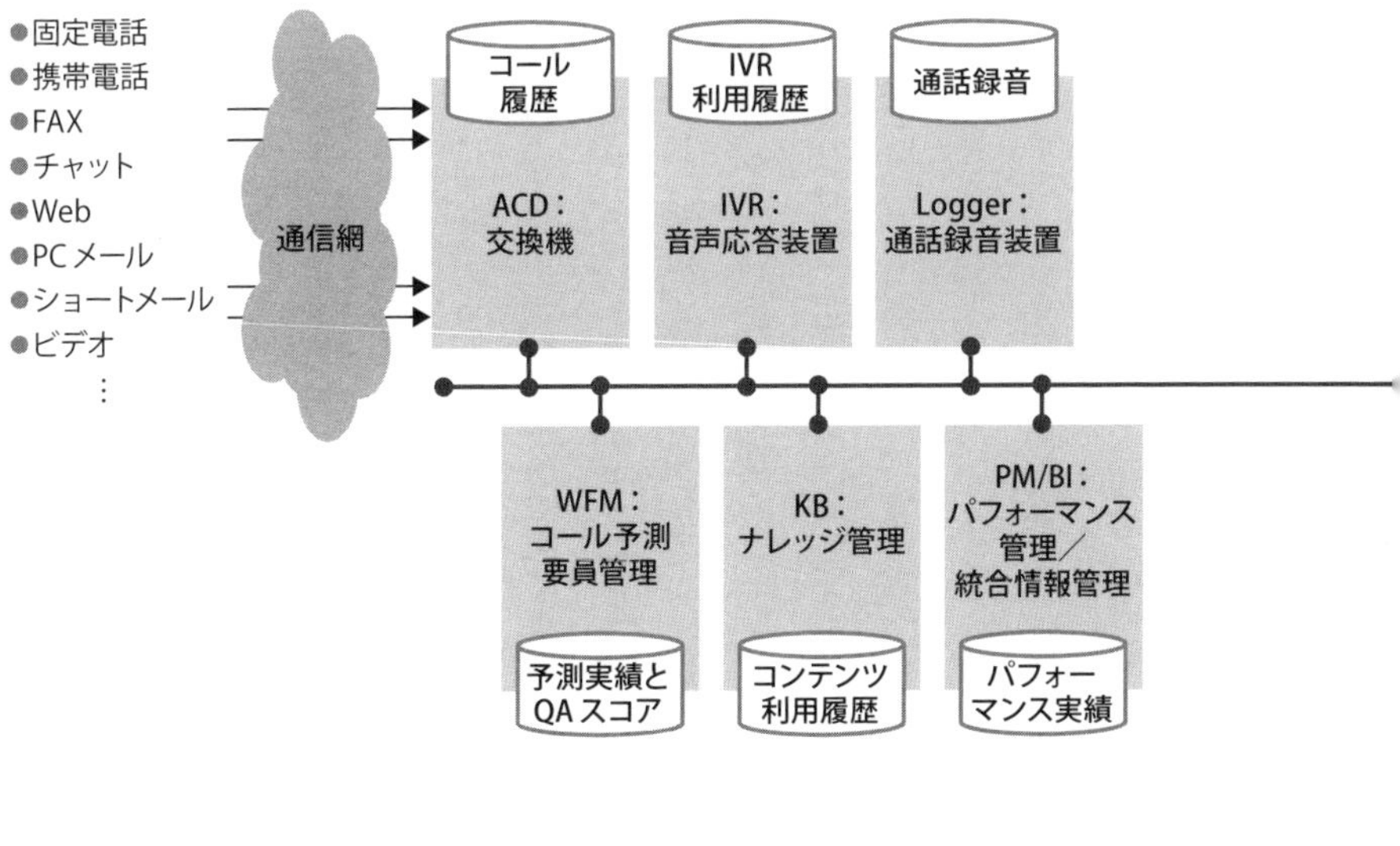

例えば、オペレーション・セグメントに合わせて適切なチームにコールを振り分けるにはＣＴＩを導入し、顧客データベースを参照してルーティングさせる。こうすることで、新人研修で身につけなければならない知識を限定でき、オペレータの負荷も軽減できる。

顧客別の担当制を導入する場合でも同様だ。サービスモデルに入らない例外コールの際には、特定のチームにエスカレーションする仕組みを設けるなど、ＩＴを活用するメリットは大きい。トレーニングの品質強化のためには、特定コールリーズンにおける高評価のコールを抽出して音声教材として使う方法も可能だ。

その他、ＡＣＤ(Automatic Call Distributor：電話交換機)やコールの目的に対応できるオペレータに振り分けるルーティングシステム、顧客の要件を振り分けるＩＶＲ(Interactive Voice Response：自動音声応答装置)、電話をピックアップした瞬間に顧客情報を画面に表示するＣＴＩ(Computer Telephony Integration：電話やＦＡＸを統合したコンピュータシステム)、モニタリングに不可欠な通話録音装置、品質評価のためのＱＭ(Quality Management：品質マネジメントシステム)、呼量予測とシフト作成を支援するＷＦＭ(Work-Force Management：人材活用や配置を最適化するシステム)、知見を蓄積するＫＭ(Knowledge Management)、トレーニングに活躍するｅラーニング、アウトバウンドを効率化するDialer、対話中から問題を検出してアドバイスの表示などで支援するリアルタイムアシスト、対話中に顧客の利用端末を遠隔操作するWebRTC、応対の評価や顧客満足度を取得するCFB(Customer Feed Back)などコールセンターで活用されているテクノロジーは多い。

最高のサービスを提供するのは、オペレータだ。オペレータがなすべきことに集中するためにはテクノロジーによるオペレータ支援は不可欠だ。

④経営陣の理解

コールセンターは、部門単体で売り上げを生み出すプロフィットセンターであっても、問い合わせに対応するコストセンターであっても、一様に企業の戦略を実現する顧客対応組織としての役割を果たしている。

コールセンターの活動は、全社的にその活動が報じられる営業部門や、メディア露出を伴うマーケティング部門、商品そのものを生み出す商品開発部門などに比べると地味だ。新たに大規模な案件を受注することはなく、事業構造を一変させる新商品を発表することもない。

しかし、センターは、業務自体が単純ではなく、複雑化、高度化していく顧客対応に追随する専門能力を持たざるをえない組織だ。商品の効能や使い勝手にはじまり、社内の業務プロセスを把握していないかぎり顧客応対をするのは不可能だ。その上365日24時間体制で稼働しているセンターも多くある。そうした対応が実現している背景には、シフト制で勤務している多くのスタッフがいる。不規則な生活パターンを送りながらも、一期一会のコールに高度なスキルと多くの知識を持って向き合わなくてはならない裏方なのだ。そのようなコールセンターが顧客から聞く声の集積は、企業にとっては現実を映し出す鏡であり、この重要な情報を活かさない手はない。この情報力が、新たなサービスモデルを追求する原動力となり、新たなプロセスを生み出すチャレンジの材料となる。顧客を〝資産〟として捉えるなら、その情報資産を的確に分析するインテリジェンスの集積であり資産維持管理に果たす意義は大きい。経営陣はそのインテリジェンスを必要とするはずだ。

顧客からは常々感謝の言葉を聞いているものの、企業の経営陣からは、感謝されることも褒められる機会もない。一方で他部門が脚光を浴び続けていれば、自分の業務に意味合いを感じられなくなるものだ。そのような組織に、経営陣が直接日頃の努力を労うことや、献身を感謝する言葉をかけるということでセンターのメンバーは、大いにモチベーションを上げることにつながる。頻繁に訪問するのが難しいのであれば、予告なく数分立ち寄るだけでも大歓迎されるはずだ。

米国では、「CS週間(CS week)」という〝コールセンター感謝週間〟が制度化されている。毎年10月の第2週目には、企業の経営陣がコールセンターを訪れ、直接スタッフと対話する。その他、品質やパフォーマンスレベルの高さを表彰するなど、メンバーに楽しんでもらうようなイベントが開催されている。日頃の努力や献身に対して経営側が感謝を表するイベントだ。日本でもこうした行事を取り入れるセンターは増えつつある。

並外れたサービスを実現するには、経営層と現場のコミュニケーションは不可欠だ。日頃からのコミュニケーションがあることで、現場のメンバーも「企業のため」「上長のため」に励むことができる。

最高のサービスは経営戦略そのものだ。経営陣の直接的関与と側面援助なしには実現しえない。

5　顧客参画型〝サービス〟の追求

コールセンターへの入電量はさまざまな社内外の要因に影響されるため、不確実でランダムだ。繁忙期の呼量をベースに要員計画をたてると、閑散時間には電話の待ち受けをするオペレータが暇を持て余す。「勤務時間中、何割を顧客応対に時間を使っているか」を可視化する指標である稼働率は低くなり、コスト増を招く。こうした事態を防ぐため、呼量を予測する担当者は高い精度を追求し続けている。その上で、現実的な待ち受け時間が多い閑散時間が発生すれば、その時間を有効活用するためトレーニングや品質強化のプログラムを展開している。１日のうちのコールの閑散状況と繁忙状況のギャップの大きさは、センター運用を著しく難しくしている要素だ。曜日ごとのギャップや月の変動もシフト計画に大きく影響し、センターの要員計画の作成を悩ますことになる。

「このようなピークの解消や、問い合わせ件数が平準化できないものだろうか」とマネジメント層は常に考えている。だが、それは現実にできるものなのだ。

プロセスを変えることで実現することもある。例えば、毎月郵送される請求書が届いた際にその内容に対する問い合わせが多くあるような場合は、請求書の発行日を何日かにずらして送ると、コールも分散されて一時にピークを迎えることはない。

そのような業務プロセスの変更とは別に、「顧客に仕事をしてもらう」ことによって根源的にコールを抑止することができる。顧客自身にサービスプロセスを肩代わりしてもらうのだ。

例えば、ＴＶショッピングを見た顧客の注文コールの場合、その顧客がリピーターで住所やクレジットカードなどが登録済であれば、商品名（番号）と個数を聞けば受け付けは完了する。これはオペレータが対応しなくともＩＶＲによるセルフサービス（顧客側のボタン操作）でも受け付けることが可能だ。これによりオペレータが対応する件数自体を削減できる。注文が完了するまでにかかる時間も短く、電話でオペレータに伝えるよりはるかに早くて簡単だ。TVショッピングのリピーターが多い米国の大手企業では、すでに注文全体の80％以上がセルフサービスとなっている。オペレータは20％のコールに対して対応しているだけだ。ユーザーインタフェースさえ整備すれば日本でも可能だ。顧客が積極的にサービスを自己完結、あるいは関与してもらうための具体的な処方箋（手順）をまとめた。

手順1　顧客の選別

はじめに、顧客参画型〝サービス〟の利用者になりえる顧客を特定する。既存顧客のうち、どのような顧客が、より簡便なセルフサービスを望むか、セルフサービスを享受できる環境やリテラシーがあるかを知らなければならない。蓄積してきたデータがない場合や考えてもわからない場合はプロファイリングを行うことも有効だ。

某旅行会社では、毎年年初に、既存顧客への電話調査を行っている。「今年どの地域へのご旅行をいつ頃ご計画ですか」「過去にはどこへ旅行されましたか」「航空企業やホテルのお好みはありますか」「ご旅行の目的はなんですか」といった計画をヒアリングしている。

その回答をベースに、事前にメールで旅行の案内を行い、適切なWebページに誘導して購買意欲を促し、問い合わせを減らすと同時に予約率向上を目指している。こうしたアンケート調査は、顧客の期待値を知る上で有効だ。また、成約率向上に向けてコールセンターの閑散時間にアウトバウンドをすることもできる。

リテールバンキングでは、金融商品の購入確度を判断するために、金融商品全般の購入履歴や運用期間、リスク許容度、投資収益、予算などをプロファイリングしている。そもそも金融商品を購入するには余裕資金がなければならず、同時に資金の用途などを把握しておかなければ見当違いの案内をしてしまうことになる。短期の運用か、長期か、利回り重視か、顧客に対するパーソナライゼーションのためには顧客の志向を知るプロファイリング調査によって期待値を把握する。これがなければ提供すべき商品が特定できない。

どの業界においても、自社の顧客の嗜好を知るための調査は、サービスプロセスを設計する材料になる。

手順2 リテラシーの醸成

顧客がサービスのプロセスに参加するには、サービス自体が標準化されていなければならない。列車や新幹線を高い頻度で利用する人は、窓口で並んでチケットを購入するより駅の発売機やインターネットで購入する方を選ぶ。セルフサービスは、速くて便利だからだ。電車も航空会社でも、「乗りたい日にちと時間を選んで、座席のクラスを指定して購入する」というプロセスが標準化されているため、間違うことはない。

ＡＴＭを導入した当初は、不安や不満の声も多く利用者が少なかったというが、今や銀行でも郵便局でも大半のユーザーは利用している。

ユーザーが慣れるまでは多少時間がかかるケースもあるが、サービスを標準化し、プロセスを理解するようなサポートを積み重ねると、誰もが自分自身で行えるようになる。

事例　顧客が自らルールを伝搬するラーメン二郎

東京都港区に本店を構える人気ラーメン店、「ラーメン二郎」がある。チェーンではなく〝のれん分け〟により、全国に店舗展開している。この店のファンを〝ジロリアン〟という。彼らがこよなく愛するのが、独特の〝プロセス〟、つまり暗黙のルールだ。多くの店舗では行列ができるため、「正しい行列の並び方」からはじまって、食券の買い方、「コール」と呼ばれるトッピングの選び方や店員への伝え方や注意事項など、この店ならではの〝ルール〟が存在する。初心者にはすべてが恐怖であるが、ジロリアンはそれらすべてのルールをインターネットで公開している（お店ではなく顧客であるジロリアンが自身のブログなどで紹介している）。ルールを知り、お店独自の言葉の意味やプロセスを体得してしまえば、不安が解消され、結果その店のファンになるというのはスターバックスでも証明されているが、全国チェーンでなくとも顧客をトレーニングすることで虜にしてしまうことができる。

手順3　セルフサービスの徹底

ＡＴＭやチケットの券売機を利用してのセルフサービスはもはや日常と化しているが、人を介さずにサービスの提供を受ける潮流は大きな流れとなっている。

カーシェアリングにおいては、予約する、借りる、キャンセルする、返す、支払うという一連のプロセスがすべてセルフサービスとなっている。スマートフォンから予約し、近隣の駐車場に置かれているレンタカーにカードをかざしてドアを開け、用事を済ませて返しに行くまでセルフで行うことができ、店員と会話をする必要がない。インターネットやスマートフォンのアプリケーションがなければ不可能なサービスだが、普及率を加味すれば問題ないだろう。

「決められた時間までに返せない」という状況になれば、途中で利用時間の延長を申請できる。車内清掃や忘れ物の見直しなどの秩序も保たれている。問題が起きれば、会員権を剥奪されることもあるが、そのような罰則規定に依らなくても顧客は自主的にルールを守っている。

セルフサービスへの理解が進み、社会インフラとしてのセルフサービスの導入環境が、技術的にも精神的成熟度においても整備されている。

こうした時代に、自社サービスにセルフサービスの要素を持ち込まない理由はない。

事例　入退会の敷居を下げた進研ゼミ

ベネッセ・コーポレーションが提供している通信教育サービス「進研ゼミ」では、入会も簡単だが解約も簡単だ。ＩＶＲで会員認証から解約処理まで行うことができる。かつては、オペレータによる解約抑止を行っていたが、現在はＩＶＲでのセルフサービスに移行している。オペレータが長時間にわたって進研ゼミの効果や使い方を伝えて、その場で顧客が解約を思い留まったとしても、再度電話をかけて解約するケースも多いことが統計から確認されたからだ。一方で、再契約をする顧客もいる。コストバランスを加味してセルフサービスに切り替えた。顧客は、「申し訳ない」という感情を抱くことなく解約が可能であるため、感情面での抵抗感なく再入会できる。

手順4　顧客の仕事を評価する

顧客がサービスプロセスにどのように関与しているかは追跡する必要がある。スタッフとは違い、顧客に義務を追わせることはできない。計画的に作業してもらう訳にもいかない。

顧客が商品に対する感想や意見を書き、一般公開する「レビュー」機能を設けているＥコマースサイトは多い。複数の利用者の意見を把握できることから、判断材料としている顧客は少なくない。レビューの評価が商品の売り上げに大きく影響するケースも少なくない。

レビュアー(意見を記述する登録顧客)自体を評価するケースや、公開前にレビュー内容を監査する企業もある。商品の製造元や関係者のレビューと判断された場合には公開しなかったり、公開後に削除されるケースもある。第三者的で公平なレビューのみを公開することで、信頼性を担保する努力を行う。

ネットショッピングモール(複数のショップが出店するネットショッピング)を運営する企業では、購入者が出店者を評価する仕組みを作っている企業もある。サービスプロセスの中に、エンドユーザーである顧客の評価が組み込まれている好例だ。サービスプロセスが適切に運用できているか、ボトルネックがないか、仮説が正しいかを評価・検証するプロセスを顧客が担っているわけだ。

いずれはどの企業においても顧客の行動を変える段階に差しかかる。「より早く、正確に、用件を済ませたい」『知識の足りないオペレータと会話して時間のかかる面倒な時間を使うより他の購入者の意見を聞くほうが信頼できる」という消費者は増えている。加えて、正確迅速な賢いシステムとやりとりして用件を済ませたいと思う人も増えている。

顧客がサービスプロセスに関与する機会を作るのは、必然の流れだ。どういう消費者が「顧客兼スタッフ」に適任なのか、その方達をどのように訓練するのか、設計手腕が問われる。

最高のサービスを追求するためには、顧客に関与してもらうための施策を導入することは不可欠といえる。

「サービスプロセス」という言葉に違和感を覚える人もいるだろう。「サービスとは、対価を期待して提供するものではない」というのが広く認識されているからだ。顧客にとってみれば、サービスは無償かもしれない。しかし、企業が顧客の期待に寄り添う対応、ホスピタリティの高い対応を目指すのは、顧客ロイヤルティを高め、継続利用や再購買を促すためである。戦略的に体制やコストの配分を考えた上でサービスプロセスを構築するのは、ビジネスの本質といえる。

第3章

規模別 センター運営費の最適化

付録ページに掲載している三菱総合研究所が実施したアンケートでは、500社のセンター責任者が抱える現状の課題が浮彫りになった。課題認識と取り組み状況が最も乖離(かいり)していたのが「リスクマネジメント」「システム導入」「人材育成」の3点。これらの課題をすべて理想の取り組みに持っていくには、経営層や関連部門に「コストの必然性を理解してもらうこと」が不可欠だ。

コールセンターは、多数のオペレータを擁する労働集約型の組織だ。安定的な運用を実現するためには、要員確保は重要な運営課題である。何名のオペレータが必要か、組織を回すためには、どれだけのスーパーバイザーや専門能力を持ったサポート要員が必要か、というような体制を維持するための予算管理はセンターが抱える大きな課題のひとつだ。同時に、電話交換機をはじめとするシステムの導入と、それらによる費用対効果を説明することにも多くのマネージャーは最適解を持ち合わせていない。顧客の維持・拡大に貢献できる能力を持つコールセンターにも関わらず、そのポテンシャルを発揮できずにいるのが現状だ。

本章ではコールセンターにおいて、最適なコストバランスとはどのような状態か、あるいはコストをかけるだけの価値をどのように可視化するか、そしてコストの必然性をどのように理解してもらうかということへの処方箋を示す。

1　コールセンター運営に不可欠な投資項目を知る

営業部門が営業目標を達成するには、市場を調査・分析した上で、効果的な投資を行うためのマーケティング機能が必要だ。経理財務部門が正しく業務を遂行するためには、経理財務の基礎知識や会計原則を理解することや、資格を持っている必要がある。これと同様に、コールセンターが非対面での顧客対応を正しく行うために備えていなければならない機能が存在する。それが次の2点だ。

①最低限のインフラ整備

電話、ＦＡＸ、メール、チャット、ビデオ、ＳＮＳなどのマルチチャネルで非対面応対を実施する場合はもちろん、インバウンドの電話を受けるだけのコールセンターであってもコールセンター用に設計された電話交換機の導入は不可欠だ。入電数、接続時間、通話時間、後処理時間、サービスレベル、稼働率の測定・記録、コールリーズンの設定・記録ができ、実績の集計とレポーティング(報告)が可能であること。加えてオペレータのスキル設定とそのスキルに合わせたコールのルーティングができることが必須要件だ。この最低限の機能を備えた設備を用意しなければ、運営実態の把握も改善活動もできない。この機能は10名のコールセンターでも1000名のコールセンターでもセンター規模に関係なく必要となる。形態は導入型のオンプレミスでもサービスとして利用するクラウドでも構わない。堅牢な対障害性を備え、保守性を勘案して選択すれば良い。

応対品質を追求するセンターには、通話録音装置が必須だ。応対業務ごとに異なる電話番号を持つコールセンターや、オペレータのスキルが多岐にわたるセンターではIVR(音声応答装置)も必須だ。

多くの企業では業務遂行のためにPCを用意して、社内のさまざまなシステムにアクセスできるようにインフラを整備するが、コールセンターではそれ以外に非対面チャネルならではの専用インフラが必要となる。この費用は、センターの運用を行うためには不可欠であり、対費用効果のみで導入の有無を決めるものではない。「運用の前提となる固定費」として、理解しておく必要がある。

②最低限の組織体制

組織体制にもコールセンターならではの必須条件が存在する。

工場で生産管理を行う際には、日常的に状況を把握し、データ収集と計画策定の専門要員が活躍する。これと同様に、コールセンターでもセンター管理の専門要員が必要だ。

労働集約型の組織であるがゆえに、多かれ少なかれ発生する退職による減員補充と、常に要求される新たなプロジェクトへの要員追加には、必要なタイミングで素養のある人を採用できる専門家が必要とされる。他部門とは異なる雇用形態や勤務形態の体系化、派遣法や保険保障の規約への適合性やスキルパス、キャリアパスの構築に至るまで人事関係の専門知識が必要とされるため、採用・人事に関する専任要員の確保が必須である。ただし、企業内の人事部門がコールセンター向けにその機能を提供できるのであれば、新たにセンターに置く必要はない。

採用された人を教育する担当者は、次に重要なポジションだ。新人研修に始まり、日々の運用手順の変更や新たなサービスの提供など、コールセンターには学ばなければならないことが多くある。この教育・研修を品質よく効率的に行う専任要員は必須だ。プロセスの明文化、ナレッジ化だけではなく、動画やeラーニングなどさまざまなツールを活用してプログラムを提供する専門能力の有無はセンター全体の能力を左右する。ただ、年間数名のトレーニングしか必要がない、あるいはアウトソーシング先にトレーナーが存在するというような場合であれば、最低限のトレーニングプログラムを作ることで、まかなうことができる。したがって、現場のＳＶやプロジェクト企画担当者による補完も可能だ。

コールセンターの規模が50名を超えるような場合、必須となる専門家が、ワークフォース・

プランナーだ。経営計画をベースとしたコール予測から必要人員数を割り出し、シフト計画を作るという具体的な運営計画をたてる専門要員だ。365日の運用体制であればシフトパターンは複数存在する。コールの季節変動に備えて計画を大きく上回る、あるいは下回る場合に対処可能な計画を作るなど、専門技術を要するポジションだ。この業務は日常的なものであり、他に業務を抱えている人に兼務させることは不可能である。

日々の運営の状況報告と浮かび上がった課題を報告する、レポート責任者も必須だ。生産管理と同様に、計画と実績のギャップ分析とプロセスの軌道修正を日常的に行うポジションである。情報リテラシーを身につける必要があるのはもちろん、素養として統計のテクニックや表現力が求められる。

コールセンターの規模に関わらず、これらの専門家は最低限備えておきたい。センターの規模が拡大していく場合でも、これら専門要員の人数はさほど変動しない。したがって、オーバーヘッド率は徐々に下がっていくことが期待されるので、規模の小さいうちから体制を整備することを推奨する。インフラコストと併せて、コールセンターを運営する大前提の固定費とするべきものだ。

さて、必要不可欠の投資を理解した上で、次項では運営コストの正当性とコストバランスを考える。

2　サービスコストの〝スポンサー〟を明確にする

カスタマーサービスの運用費は、「個別経費ではなく全社の経費から支出している」と漠然と捉えてはいないだろうか。どこの部署のために仕事をしているのかがわからない状態では、コールセンターがどのような位置付けで運営されるべきかわからない。

「サービスコストを誰が払うか」ということは重要な問題だ。ここが曖昧なままではコールセンターは運営できない。

コールセンターの運営には、さまざまなコストがかかる。

・オペレータの人件費
・スーパーバイザーや各種スペシャリストの人件費
・教育費
・センターの施設賃貸料
・電気・光熱費
・通信費
・システム基盤プログラム開発費

・顧客向けＤＭ制作費や郵送コスト
・事務経費
・交通費や出張費

その他、多くの経費をかけて運営する以上、それを負担する仕組みが明らかになっていなければ、適切な運用は不可能だ。

一般的なコールセンターでは、企業の事業計画上、限られた予算の中で運営しなければならない。センターを新設するときや新たなサービスへの対応を開始する際などは、事前にコストをどのように捻出するか、社内での承認を取り付けておかなければならない。

コスト計上には一般的に、次の3通りの方法がある。それぞれの適用方法を解説する。

方法１ コストを商品原価に算入する

コールセンターのコストについて経営層や財務部門の理解を得やすいのは、「センター運営費は企業が販売する商品原価の一部」という考え方である。販売戦略上、コールセンターの対応が商品やサービスの一部と認識されるものであれば、商品販売数に対する応対件数とコストは事業計画に組み入れることができる。それによってセンター運営コストは保証される。

事例　CSを下げた某生命保険会社の失敗例

某医療保険会社のコールセンターに、顧客から問い合わせが入った。20代から40年間、保険に加入している顧客だ。その内容は「60代になると三人に一人は罹患すると言われる緑内障の医療給付が受けられるか」というものだった。保険の種類によっても異なるが、一般的には特約に「緑内障」と病名が記載されていれば医療給付の対象となる。特約に書かれていない場合には、他の手術や疾患との関係や発症時期などを確認した上での回答となる。40年前の保険契約であることから、当時の保険内容を確認することからはじめなければならない。

このような問い合わせは、件数こそ少ないが対応に時間を要することになり、一件あたりの対応コストは他の業務よりも高くなる。放置すれば、契約顧客の加齢に伴い同様の問い合わせが増えていくことが想定された。本来、このような生命保険の医療給付や死亡給付は保険商品としてのサービスなので、商品原価に組み入れておくべきコストだ。しかし、原価と捉えていなかった同社では、その問い合わせを抑止する取り組みを始めた。ＩＶＲで「最近△△に関するお問い合わせが増えております。お手元の契約証券の特約に病名が記載されていない場合、給付の対象とはなりません。あらかじめご確認ください」とアナウンスを流したのだ。大半の顧客は給付対象ではなかったため、ＩＶＲのアナウンスを聞いて電話を切るケースが多く、オペレータにつながるコールは激減した一方、顧客満足度は下がっていった。

本来、契約顧客からの問い合わせは、顧客との関係強化に活かすことができる貴重な機会だ。対応方法によっては、顧客の満足度が高まり、知人や友人へ推奨するようなロイヤルティ醸成も期待できたはずだ。

だが、同社では、事前に適切な対処法を用意できていなかったために、場当たり的な対応で顧客の不満を呼び込んでしまった。対応コストをあらかじめ商品のサービス原価に組み入れて予算化しておけば、こうした問題は起きなかったことである。

事例 トヨタ自動車レクサスの「オーナーズデスク」

トヨタ自動車「レクサス」の新車を購入すると、最新のカーナビが付いている。「G-Link」というテレマティックス装置だが、この装置には、防犯機能もついており、車の振動を感知してコールセンターにアラートを伝える仕組みとなっている。GPSによって位置が特定できるため、追跡して盗難対処も可能だ。鍵を紛失してもコールセンターに連絡すればセキュリティ(G-Security)機能で解除することもできる。その他、センサーの診断によって点検入庫を促すリモートメンテナンスなどレクサスオーナーには安心のサービスが提供されている。

購入と同時に「オーナーズデスク」のメンバーになると、通常、走行中は使えないナビの目的地設定をコールセンターからリモートで設定してもらうことができる。このサービスは24時間無休のコンシェルジュサービスであるため、行きたいところ、買いたいものなどを探すなど秘書機能としても使える。新車を購入後、最初の車検を迎えるまでの3年間はこのサービスが追加費用の支払いなく利用できる。

同サービスに要するコールセンターの決して安価ではないであろう運営コストは、G-Linkの費用に原価として組み込まれていると推察できる。サービス提供の費用にセンターのコストを計上することで、現場は無理なく継続的に運用できる。

カタログ通販やTVショッピングなどの電話受注コストも、一般的に、「コールセンターコストは商品原価に含まれている」と考える方が合理的だ。顧客層や対応商品別にコール数や対応時間を想定する。これを、商品別、対応部門別の原価とみなすことでセンター予算が確定できる。

方法2　活動原価計算（ABC）によるコスト管理

商品開発、販売、マーケティング、出荷、物流など、一連のバリューチェーン（価値連鎖）におけるコストを「販売管理費」と一括りにしたものではなく、個別に管理するのが「販売管理費配賦手法」だ。

製品に不具合があった場合、顧客は企業に問い合わせをし、それに対応するコールセンターや商品交換に対応する物流部門などで作業が発生する。この作業費を、原因を招いた部署が担うのがこの方式だ。プロセスを適切に運用できている際は大きなコストが発生しない上に、トラブルが発生した際の原因特定にも効果的だ。

事例 オンライン通販会社

オンライン通販事業を行う企業は、顧客の問い合わせが直接入ることから、ニーズを把握しやすい。「このような商品は取り扱っていないのか」「この商品はWebサイトのどこに掲載されているのか」「在庫切れ商品の入荷はいつか」「頼んだ商品はいつ届くのか」「注文をキャンセルしたい」「配送日時を変更したい」「ポイントについて質問したい」と24時間絶え間なく問い合わせが入る。

某社のコールセンターでは、これらすべての問い合わせを分類して記録している。取り扱いの有無に関わらず、商品名ごとの問い合わせ件数、オペレータの顧客応対時間や調査を含む総対応時間などが容易に集計できる仕組みとなっている。「経理」「配送」「マーケティング」「Web」など、社内の関連組織ごとに作業時間も把握できる。この時間数に、基準となる時間単価をかけ合わせると、それぞれの商品別、組織別の対応費コストが明らかになる。

このように受注をWebサイトに集約し、電話での受注業務を行っていない企業であれば、直接的な売り上げ貢献は担っていない。この場合、運営コストは、前述のとおり作業時間ベースの人件費が、それぞれのコールの責任部署の使用実績として配賦される。これを「活動原価計算（ABC：Activity Based Costing）」という（図3・1）。従来の直接原価に加えて、商品ごとや組織ごとの事業活動に紐づいたコストを把握する利便性の高い経費負担清算方式だ。

「ベストサービスはノーサービス」をコンセプトとするのであれば、現場も経営層も「コールは、顧客の不満足や負担が生じた結果」と認識するはずだ。結果、コストの配賦を求められた部門では、「問い合わせの原因を減らすことが顧客の満足につながる」と捉えてサービスプロセスを改善しはじめる。活動原価計算やコンタクト理由に基づいてサービスプロセスが改良され、結果的にコールが減るという循環が生まれる。

コールセンターのコストはすべて社内のいずれかの部門に振り分けられるため、センターの運営経費の支出元は明確だ。将来の投資も、各部門の事業戦略と入電呼量の予測をもとに予算化される。

この仕組みにより、顧客一人あたり、あるいは注文一件あたりのコンタクト指数は大幅に削減でき、予測値より減少する実績コストの削減額は、新たなサービス導入や品質向上のための投資として使うことができる。

カスタマーサービス系のコールセンターには汎用的に適用できる方式なので一般的にこの方式でのコスト管理を行うのが望ましい。

図 3・1　活動原価計算（ABC）にもとづくトータルコスト経営の実現

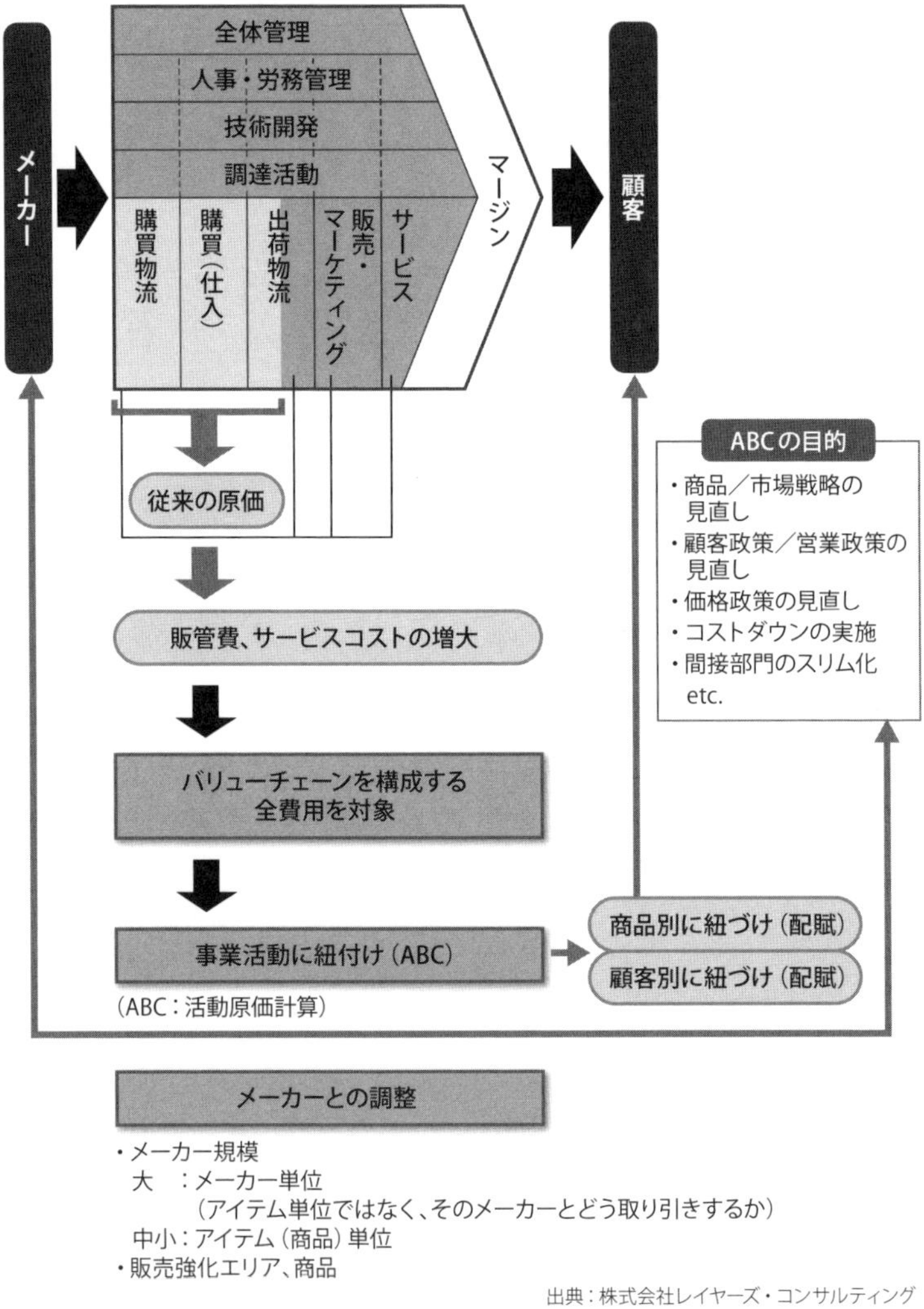

出典：株式会社レイヤーズ・コンサルティング

方法3　コストを顧客に転嫁する

サービスは無料ではない。ビジネスモデルによっては無償で対応する範囲はあるが、それ以上はコストに対する対価を顧客に請求すべきだ。「サービスは無料」という考えに馴染んでいる顧客に、どのように対価を支払ってもらえばよいのか、事例から検証する。

事例　サービスを有料化したピーチ・アビエーション

格安航空企業（ＬＣＣ）は、オンライン通販同様に予約受付をＷｅｂサイトからの予約に限定する企業が多い。「空席連動型」運賃を採用する企業が多く、予約の多い日は運賃が高くなり、予約の少ない日は運賃が安くなる。搭乗日までの日数によっても変動する。最低料金では座席指定はできず、「多少広いシートや窓側に座りたい」などの要望がある場合には、追加料金を支払って予約する。その他、預け入れ荷物の重量や個数によって追加料金がチャージされ、毛布や飲み物、食事も別料金となっている。クレジットカードで支払う場合には、手数料をチャージされるケースもある。

これがＬＣＣの一般的なサービスモデルだが、インターネットを利用できない顧客を対象に、電話で予約対応などを行っている企業もある。ただし、このサービスは有償であることが多い。日本のＬＣＣ「ピーチ・アビエーション」では、コールセンターでの国内線予約手数料は１６２０

円、国際線2160円に設定している(2015年7月現在)。Webサイトからの予約は無料だが、オプションである各種変更には手数料が別途かかり、座席指定などにも追加料金が要求される。コールセンターでの対応にはWeb上での変更手数料より高い料金が設定されている。

LCCの顧客は若年層や旅程変更などのない身軽な旅行者、それもインターネット利用者を主な顧客層と想定しており、そのビジネスモデルに当てはまらない顧客には有人対応のサービスコストの支払いを求めている。

顧客にプラスアルファでサービスコストの支払いを求める方式は、特定顧客に向けた専門分野のサービスや、会員サービスとして適用されている。顧客がその利便性やコールセンターに専門知識や能力を期待している場合に有効なモデルであり、顧客が抵抗感なく、積極的に支払いたくなるような設計が必要だ。

コールセンターの位置付けにより原価の勘定科目を区別する

コールセンターのコストは、そのすべてを企業全体の〝共通原価〟として扱うべきではない。前述した「方法1」のとおり、商品原価に組み入れるべきものもある。「方法2」のようにABC(活動原価計算)に基づき、部門ごとの〝販売管理費(間接費)〟として配賦する(割り当てる)ことも可能だ。「方法3」のように顧客がコールセンターの利用料を支払う場合には、〝営業売上〟が発生する。その他、一部業務が勘定科目における〝調査費〟や、〝販売促進費〟に該当するケースもある。複数の方法論を混在した形で経費処理することも、どれかひとつに絞り込んで運用することも可能だ。業務内容を精査した上で、経理・財務部門と調整を行えばよい。いずれにしても、〝コールセンター〟という一組織、一部門として、一元的に原価管理できるものではないということだ。

前章で紹介した「カルビー」のコールセンターの場合であれば、ファンづくりのための活動コストは、広告費用と同様の〝販売促進費〟と考えて経費処理できる。

靴などの通販を行う米「ザッポス」でも同様に、「カスタマーサービスで感動してもらい、クチコミによる伝播を期待する」「広告ではなくサービスに投資をすることで、間接的に売り上げ増へつなげる」という方針を取っている。同社の経営者はコールセンターへの投資を〝未来の収益につながる先行投資〟と考えており、経理的にも〝販売促進費〟と捉えている。

事例　クライアントの売上拡大をサポートする「ぐるなび」

飲食店の情報ポータルを運営する「ぐるなび」では、営業部門が新規の加盟店（同社の媒体に掲載する飲食店）を開拓している。だが、対面営業では時間的、物理的な制約もあり、サポートには限界がある。そこで、〝未加入飲食店〟と〝ぐるなび依存度の低い飲食店〟に対して、コールセンターがフォローを行うようになった。具体的には、電話やメール、ＦＡＸや郵送物などの非対面チャネルを活用し、飲食店オーナーや店長といったクライアントと継続的にコミュニケーションを取る。これにより、クライアントが安心感と信頼感を持つようになると、店舗の情報やメニュー写真の更新頻度も増えるという。結果、一般利用者の利用頻度が増える。加盟料(売り上げ額)が徐々に増え、一定のしきい値を超えると対面営業に引き継ぐ。この一連の活動は、受動的なカスタマーサービスではなく、まさに営業活動そのものだ。したがって、これに関わる同社のコールセンターのコストは、営業費用といえる。

コールセンターの役割を見直すことで、コストへの認識や原価計算の手法は異なってくる。これらを見直し、適性化するには、コールセンターと経理財務部門の綿密な調整が不可欠だ。

3　10名、100名、1000名の規模別センター運用費比率

企業ごとにコストの捉え方は異なるが、与えられた〝予算〟をどのように使うかは、センター管理者の手腕といえる。

コールセンターでは、顧客からの問い合わせがいつ入ってくるかを正確に予測することはできない。だが、配置するオペレータを無駄に遊ばせておくこともできない。この不確実性とコストのバランスをいかにコントロールするかが、センターのマネジメントには不可欠だ。

　コストをコントロールすることと併せて、優先順位に基づいてバランスよく使わなければならない。著者の過去の経験と実績をベースに算出した「オペレータ１００名のコールセンター」における平均的なバランスの「運営費」が**図３・２**だ。仮説の前提としているのは、次のとおり。

・オペレータ１００名（固定席、最大１００席）
・オペレータ10名に対して１名のスーパーバ

図3・2　コールセンターの運用費の内訳（100名の場合）

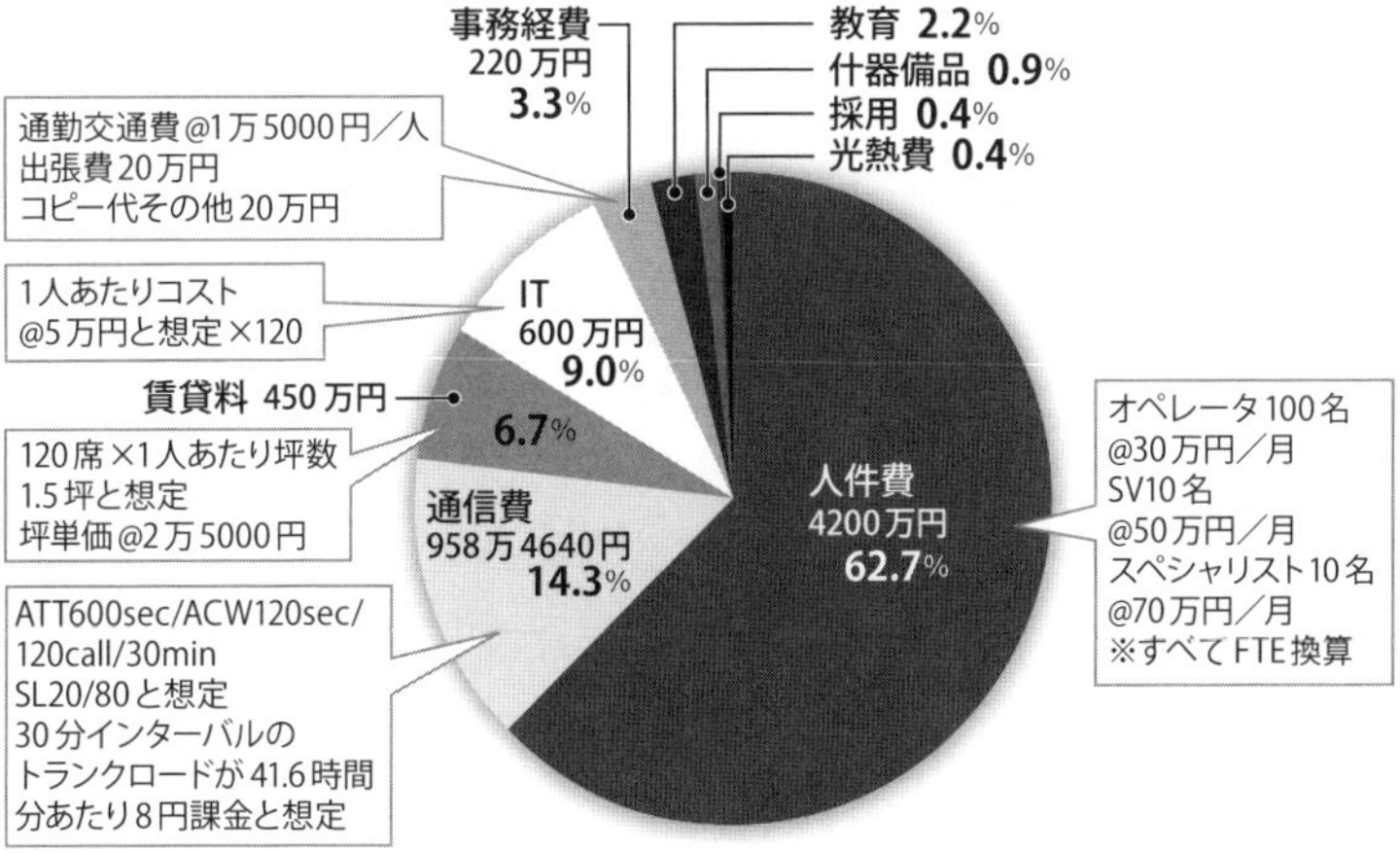

イザー。スーパーバイザーは計10名、サポートチームとして専門要員が計10名（採用・企画・研修・品質管理・分析・レポーティングなどの専任者）

・着信者負担の従量課金方式（フリーダイヤルなど）

・１８０坪の賃貸不動産で運営

このコールセンターの人件費は、経費総額の63％を占めている。受信により発生する電話料金（通信費）は、入電量と接続率（つながりやすさ）によって変動するが、約14％。不動産賃貸料（7％）や電話交換機、通話録音、ナレッジシステム、顧客応対記録システムなどのＩＴコスト（9％）は固定費だ。この規模のセンターでは、最も多い経費である人件費をいかに最適化するかがポイントといえる。人件費の内訳は、１００名のオペレータ給与と社会保険、福利厚生費などがある。これを最適化するための一例としては、サービスレベルを一定にすることで稼働率をいかに適正化するかがポイントだ。稼働率が安定せず、過少要員の状態であれば接続率が悪化し長く待たせるコールが出ることによって通信費が増加する。過剰要員であれば人件費に無駄が発生するが通信料は適正に維持できる。

オペレータが働きやすい環境でモチベーション高く仕事をしていれば退職率も低く、人件費は計画通り推移するが、そうではない場合には採用費と教育費用が増えることになる。良質なサービスを継続的に提供するためには、顧客応対システムや交換器の機能追加や改修を行う必要があり、ＩＴ投資は増加する。繁閑差が激しいコールセンターでは、人の少ない閑散時期でもＩＴ経費が固定費としてかかるため総コストに占める割合が増えることになる。働きやすい環境への整備と併せて、品質強化のための教育には長期的視野で一定額の投資を続ける必要があるが、常にその見返りの是非を検証しなければならない。

同様に、「オペレータ10名のコールセンター」の平均的なセンターの運用費を試算すると**図3・3**のようになる。人件費の割合は66％。

１０００名のコールセンターだと、**図3・4**のようになる。コール数が増えるため、同じサービスレベル（ＳＬ）であれば相対的には少ないオペレータ数で運用することができる。オペレータの人数が増えても、管理者の数を比例して増やす必

図 3・3　コールセンターの運用費の内訳（10名の場合）

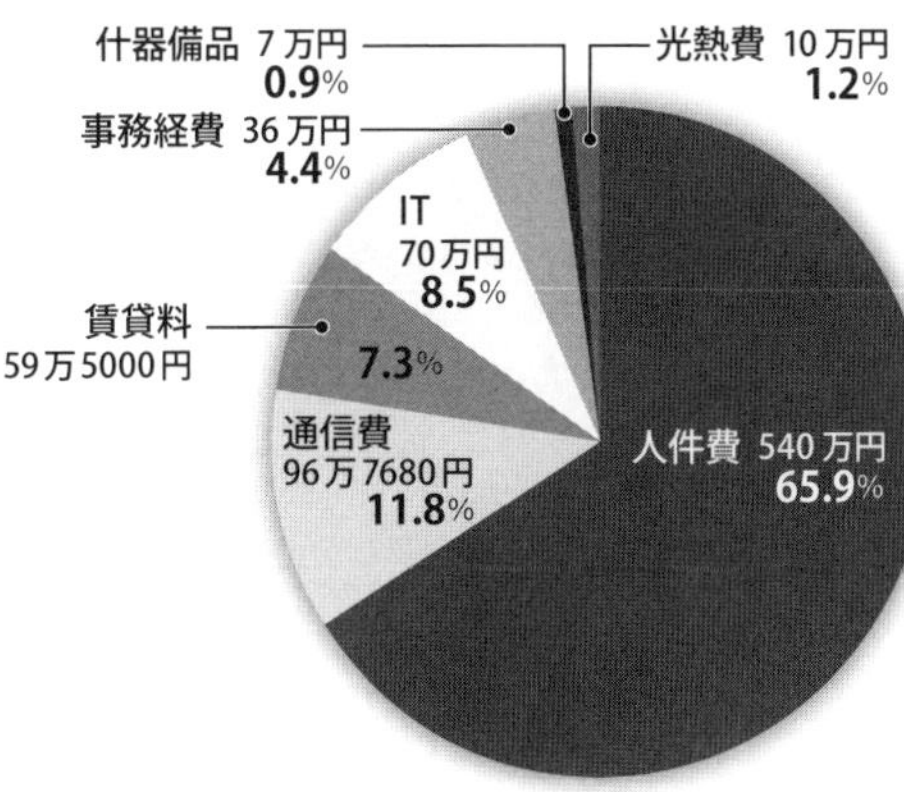

※諸条件は図3・2と同様

要はない。したがって、相対的に人数が少なく済むことから人件費の割合が下がっている。それでも55％が人件費だ。一般的に大規模センターでは、難易度にバラつきがあることに加え、チャネルも多様化している。このため、オペレータを支援する機能の必要性が増し、ＩＴ経費比率が多くなると考えられる。

このように、どの規模でも、最も多い割合となっているのが人件費だ。だからといって、「人件費の相場が安い地域でコールセンターを運営すべき」という結論を出すのは早計だ。日本における地域ごとの賃金格差は30％ともいわれ、その瞬間の人件費だけを考えると安価に抑えられる可能性はある。だが、相場は変化するものだ。加えて、離れた地域で運用する際に発生するコストもある。本社との情

図 3・4　コールセンターの運用費の内訳（1000名の場合）

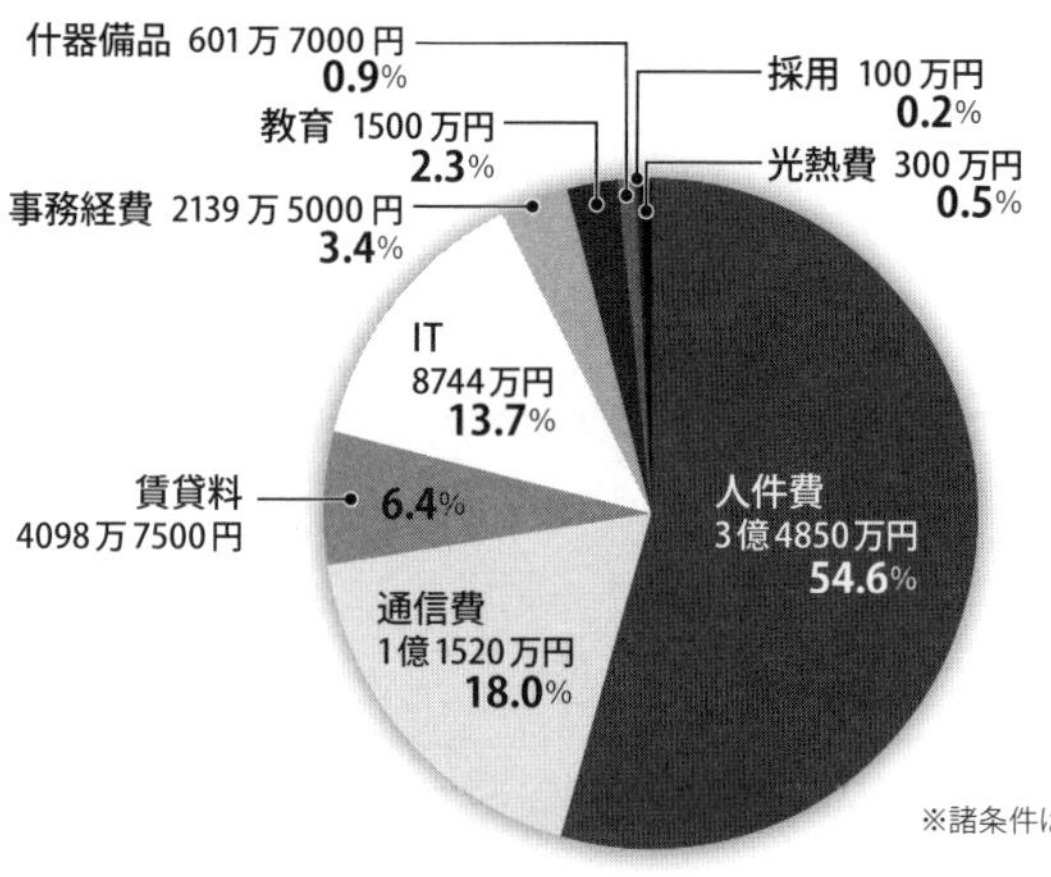

※諸条件は図3・2と同様

報共有や教育、コミュニケーションを目的とした出張交通費や宿泊費などだ。多くのコールセンターが進出している地域では、人材の争奪戦となっているケースもあり、採用までの時間とコストがかかってしまうこともある。地方では遠方から通勤するスタッフも多いことから通勤用駐車場の確保や災害時の宿泊、防災対策に費用が多くかかることもある。人件費を抑えられるかわりに、発生するコストもあることを理解しておかなければならない。地方拠点において継続的な雇用が保証され、品質を維持できるオペレータやマネジメントを採用できる場合にのみ、その地方への移転や拠点分散の議論をすべきだ。一時点の人件費の相違だけで判断するのではなく、将来的な需給見通しと総合的なコスト検証を行う必要がある。

4　人件費の効率化を図る

安定した品質でサービスを提供しながらも、人件費のムダを排除した効率的な運用を実現するポイントは次の4点だ。

①稼働率を点検する

財務視点での人材投資効率を判断する指標は、「稼働率」だ。

図3・5は、オペレータが1日8時間、週40時間働く場合の、勤務時間の内訳を示したものだ。祝日や有給休暇、傷病休暇などを含む一人あたりの年間休暇が合計30日(土日と年末年始を除く)。これを、1年間(52週)で割ると勤務不能時間は週4・6時間となり、実際に勤務する時間

図3・5 コンタクトセンターにおけるオペレータ「キャパシティ」例

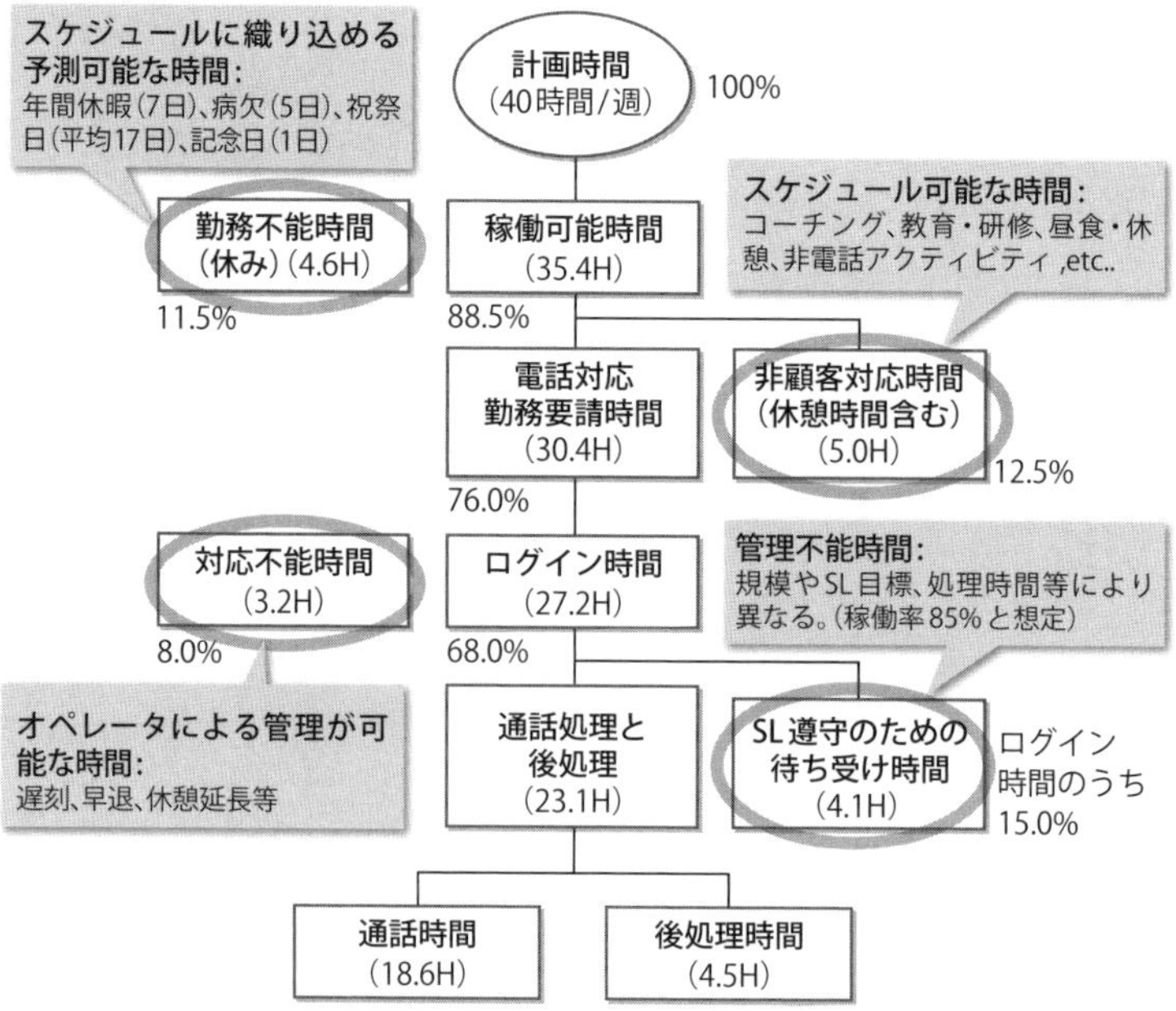

出典:「ICMI ESK研修テキスト」
※時間数値は日本の事情に合わせて著者が編集

はそれだけ減る。さらに、研修や打ち合わせ、品質強化のトレーニングなどの非顧客応対業務が、平均的に週5時間あると、実質的な顧客対応時間は週30・4時間となる。

オペレータが決められたシフトに遅刻する事態なども加味して1週間あたり3・2時間の余裕を見る。そうなると顧客対応時間はさらに減り27・2時間となる。これは計画時間（週40時間）の68％だ。センターを運営する時間のうち、情報共有や教育のための時間を減らすことはできない。コントロールできるのは、〝待ち受け時間〟だ。

顧客対応業務の時間（ログイン時間）のうち、通話時間や後処理時間に費やす割合を〝稼働率〟という。これを一定に保つ必要がある。顧客からの電話が不規則に入電する限り、待ち受け時間は0にはならない。この待ち受け時間が少ないほど、稼働率が上がりゆとりがなくなる。急かされて焦ると、ミスが増え、応対品質は劣化する。逆に待ち受け時間が多すぎると非効率であることはもちろん、オペレータ自身も緊張感が欠如し、集中力を欠いた対応となる。図3・5では85％と仮定したが、稼働率を一定にすることが、品質を維持することにつながる。品質面でも財務面でも稼働率は維持しなければならない指標だ。

財務面を重視すると、「オペレータの稼働率を極力高くしたい」と考えてしまいがちだが、品質を担保するためにはいかなる規模でも90％以上の稼働率は避けるべきだ。勤務疲労や退職リスクという内部リスクを助長すると同時に、焦った対応や集中力を欠いた対応では顧客満足度の低下をまねき、顧客の信頼を失いかねない。こうしたリスクも加味しなければならない。
オペレータの稼働時間を極力一定に維持するためには、センター全体で必要とされる総稼働時間を予測できていなければならない。そのためには、総コール量の予測ができていることが前提だ。非顧客対応時間でもある研修や打ち合わせなどの時間も、あらかじめ想定して要員計画を作成しなければならない。周到な運営計画が必要となる。

②コールリーズンに着目する

「問い合わせの内容」ごとにコールを分類したのが〝コールリーズン〟だ。センター内のプロセスを改善するには、このコールリーズンから施策を探るのがよい。問い合わせ内容ごとの呼量から、センターの「無理・無駄・ムラ」がどこにあるかを判断できるからだ。コールセンターの効率化、利便性向上の追求は、コールリーズン分析なくしてはできない。

図3・6は、通販系のコールセンターにおけるコール数の内訳を想定した棒グラフである。コールリーズンごとに、処理時間を掛けて処理に要した時間を折れ線で示している。コールセンターの実績は、時間で表現できるため、実態を把握するには折れ線で示されている処理時間を見るとわかりやすい。この図の場合は、三番目に多いコールリーズンである「解約」に着目しよう。この対応に、相当数のリソースが割かれており、コストの負担割合が「キャンセル」

より高いことがわかる。「解約」のためのコールは、売上減少につながる。その対応には多くの費用がかかるが、これは財務面では検証すべき事象だ。処理時間の長いコールリーズンが、本当に企業の利益につながっているのか、対応価値のある業務かどうか、という観点で定期的に検証することはコスト最適化に不可欠だ。

同様にコールの量はさほど多くないが、対応時間や処理時間が長引く「支払い方法変更」や「Ｗｅｂの操作に関する問い合わせ」もある。「商品知識に乏しいオペレータであったために対応時間が長引いた」という項目があれば、トレーニングや対応手順（マニュ

図 3・6　着目すべきコールリーズン

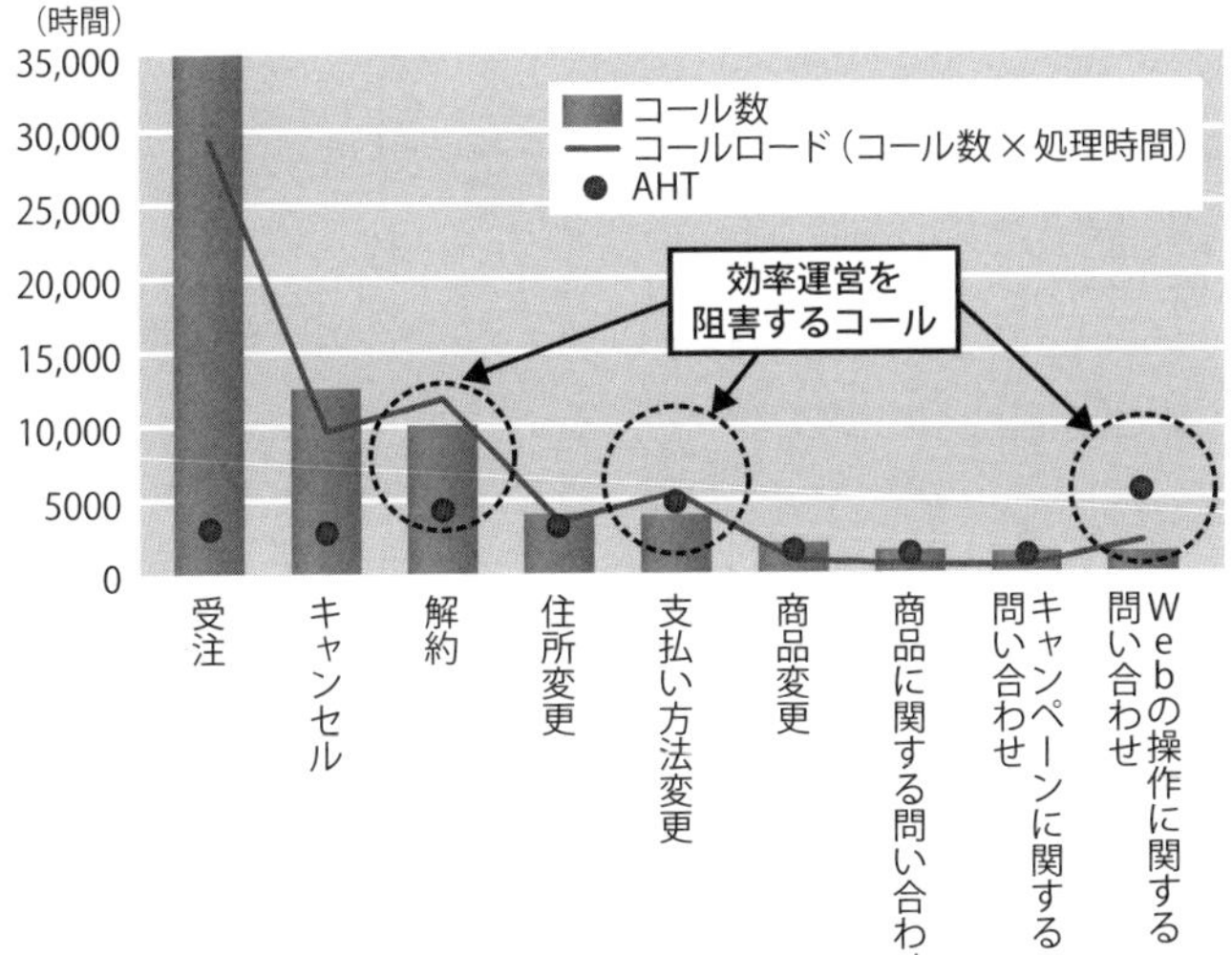

アル）、スクリプトの見直しなどによるオペレータ支援の強化や、自動化の推進などが必要となる。センターのコスト最適化と顧客の利便性、双方を追求するためにはコールリーズンの分類、記録と処理時間の関係を明らかにすることが有効だ。

③繁閑をコントロールする

コールセンターの人件費を最適化する際に不可欠なのが、サービスプロセスとの連動だ。毎日、同じ内容、同じ量のコールが入るのであれば、コールセンターの要員計画も容易で、コスト最適化も図りやすい。だが、現実には急に多くのコールが入る日があれば、予想を大幅に下回る日もあるはずだ。こうしたコールの変化は、企業の内部プロセスに起因することも多い。

例えば、「テレビ番組で商品が紹介された」直後から、大量の問い合わせが一挙に押し寄せるということだ。ＤＭが配達された、請求書が届いた、メールが来た、キャンペーンが始まった、予定していた配達日に商品が届かない、修理の依頼をしたのに連絡がない、などのコールや問い合わせも、企業のアクションに反応した顧客のコールだ。電話対応の品質を維持するには、こうした状況下でもオペレータの稼働率を一定レベルで維持しなければならない。

ところが、計画を大幅に狂わせる呼量が入った場合の要員配置は、容易ではない。他のチームにヘルプ要請を出したり、オペレータに勤務時間延長の依頼をしたり、休暇中のオペレータに出勤を依頼するなどして、追加で必要となった要員分を暫定的に確保しなければならない。その他、コストは嵩むが、外部ベンダー（テレマーケティング会社など）に要員を手配する方法もある。

シフト計画の見直しには、このように煩雑な手間がかかる。こうした手間をかけずに済ませるには、関連部門を巻き込んだサービスプロセスの再検討が必要となる。

例えば、カタログ・ＤＭ・請求書などの配布を地域ブロックごとに分割し、時期をずらして配達できれば、コール量を平準化できる。実行する際の注意点は、顧客に不公平感を与えないことと、追加費用が発生しないこと。この観点で施策を実行すべきだ。

営業時間も検討の対象となりうる。該当サービスが対象としている顧客のライフスタイルや利便性を考慮すると、早朝や深夜のセンター営業や３６５日運用することのメリットとデメリット、どちらが大きいかという視点で検討できるはずだ。全体最適の考えに基づき、最もサービスプロセスの費用対効果が高い方法を、常に採用すべきだ。

なお、サービスプロセスの設計が最適であっても、コールの繁閑が出ることを避けられない場合であれば、積極的に閑散時間の有効活用を図らなければならない。閑散時間にあらかじめ研修や打ち合わせなどの非顧客対応業務を割り振ることも有効だ。空いた時間で品質強化を図ることができる。

④品質と効率の限界効用逓減の法則を理解する

顧客満足度の向上やロイヤルティ醸成のために、応対品質を強化することは必要だ。しかし、品質強化への投資は必ずしも〝最優先〟で継続すべきなのだろうか。

稼働率に関する解説で前述した通り、オペレータが一定の稼働率で働いているのであれば「待ち受け率」は一定となる。オペレータの作業としては、電話に対応して後処理を終え、一定の待ち受け時間を経て次の電話に出る、というプロセスを繰り返す。

適正な待ち受け時間で運用できていれば、オペレータは一息ついてから次の電話に出ることができるため、一件ずつのコールに対して丁寧に対応できる。聞くべきことを聞き、言うべきことを伝える真摯な対応ができる。結果、顧客にも納得してもらうことができ、喜んでもらえるはずだ。これは品質を維持するために不可欠だ。「一定の稼働率で運用できれば、品質は十分に担保できる」というのは、センター運用の〝基本方程式〟といえる。

しかし、この方程式には注意点がある。稼働率の〝適正値〟の問題だ。例えば、稼働率を高めると、「現状より少ない人数で応対を行う」ということになる。このため、忙しさからミスが増えてしまったり、焦りから決められた手順を飛ばしてしまったりすると品質維持は困難になる。稼働率向上へのチャレンジに必要とされる時間やリソースは、投じれば投じるほど見返りが少なくなる。「限界効用逓減の法則」が働くからだ（**図3・7参照**）。サービスレベルを改善しようとしてオペレータを増やしたとしても、数値が良くなるにしたがって、投入人数に見合う効果は薄まってくる。したがって、「品質・効率の限界に挑戦すべきか」という問いへの答えは「否」だ。

また、広義には品質のひとつと捉えられる「つながりやすさ」（接続品質）の向上を目指すセンターも多い。この中で留意すべき点が「放棄呼」だ。顧客が電話を切ってしまうというケースだが、大半のセンターではこの放棄呼を減らそうと努力している。しかし、ゼロにすることはできない。

電話を切る顧客の多くは「長時間、待たされることに辛抱できない」と捉

図 3・7　オペレータvs.サービスレベル

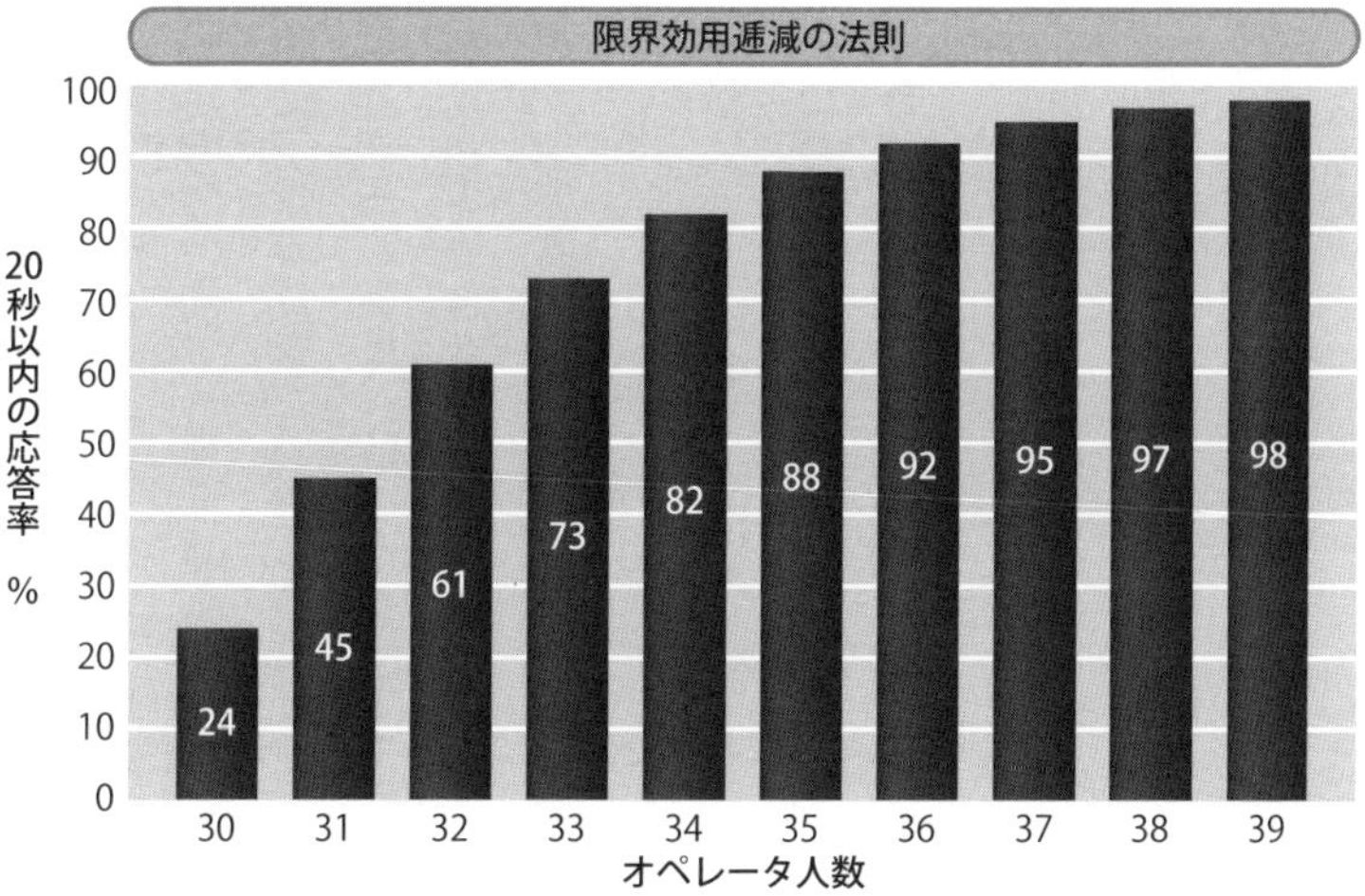

出典：「ICMI ESK 研修テキスト」
※ATT180秒、ACW30秒、30分の入電コール数250コールを前提条件とする

えがちだが、それ以外にも、顧客の事情で電話を切るケースもある。

例えば、会員証や証書を用意しないまま電話をかけてしまったが、待っている間に必要だと気がついた、というようなケースだ。すぐに出てこない場合には、一旦電話を切ってかけ直すことになる。その他、自宅から電話をかけている最中に子供が泣きだした、宅配便が届いて玄関のブザーが鳴ったから電話を切るというケースもある。あるいは、時間がない中でかけてみたけれど、時間に余裕があるときにかけ直そうと気が変わる場合もある。

こうしたさまざまな事情で、放棄呼は発生している。つまり、コールセンターでは顧客の行動はコントロール出来ないということだ。「行動をコントロールできない＝放棄呼ゼロを追求することはできない」といえる。だからこそ、完全な品質を求めて顧客の待ち時間をゼロにし、すべての電話に即時応対することは対投資効果の観点で疑問だ。

コールセンターでは、顧客に対して常に一定レベルのつながりやすさを保証し、内部運営的には一定の稼働率で品質を担保することのほうが意味を持つ。

⑤コストのトレードオフを理解する

コストを削減する施策の中で、あらかじめ知っておかなければならないことがある。それが、「コスト（あるいは成果）のトレードオフ」があるということだ。

ある項目のコストを削減できても、別のコストが増えて結果的に全体のコスト増につながるケースや逆の場合もある。トレードオフの関係にある4つの項目を紹介する。

●通信費と人件費

コールセンター最大の支出項目である人件費は、次いで多い支出である通信費と相関性が高い。コールの量が変わらない状況でオペレータの人数を減らすと、一人ひとりの業務量が増え、コールとコールの間の待機時間が減る。つまり、「稼働率」が上がる。オペレータの待機時間がなく、常に電話に対応している状態を「通常稼働」の状態に設定してしまうと、対応人数が減った休憩時間や、瞬間的にコールが増えた場合に、オペレータへの接続を待っている顧客の電話が滞留する。顧客の待ち時間が長引くという結果を招く。

着信者課金でサービスを提供しているセンターであれば、顧客の待ち時間が増えると企業側の通信費支出が増加する。コールの量に変化がないのに、通信費が上昇している場合は、オペレータの稼働率に無理が生じている可能性がある。

サービスプロセスを最適化するには、稼働率を含めたさまざまな目標指標と通信費予算はセンターで一元的に管理すべきだ。通信費は、会社の各組織の利用分も含めて総務部門が管理しているケースが多いが、企業全体の最適解を求めるならコールセンターの通信費用はセンター内の〝人件費〟と対で管理することが望ましい。これによって、相互にバランスの取れた、「最適なコスト状態」を作り出せる。

●インバウンドとアウトバウンド

「顧客からのコールを受ける」というミッションを持つインバウンド型のセンターでは、問い合わせが入ってくるのを「待つ」体制で運営されている。具体的には、つながりやすさを保証するためのコール予測、それをベースとした要員配置計画を行い、一定の稼働率を保ちながらも、リアルタイムマネジメントで現状に則した臨機応変な対応を行う運営形態が取られている。

インバウンドのコールを分類してみると、そこにはさまざまなコールリーズンが存在する。「注文した商品はいつ届くのか」「商品の使い方を詳しく聞きたい」「修理のエンジニアがまだ来ないがどうなっているのか」など多様だ。

これらのインバウンドコールに関しては、ただ「待つ」だけではなく、顧客が問い合わせをしてくる前にコールセンター側から顧客にアウトバウンドの連絡を入れると、喜ばれるケースも多くある。例えば、代引き商品の配達日が確定次第、金額を含めて顧客に連絡をするというようなことだ。受け取り時間の確認もできるので正確な配達が可能となる。代引きのキャンセルや受取拒否という状況を回避することもできる。

また、この際のアウトバウンドは必ずしも電話である必要はない。メールやショートメールなどで送ることもできる。アウトバウンドをすることのメリットは、オペレータの閑散時間に集中して実施できることだ。稼働率を高めることができると同時に、インバウンドの呼量削減につながる。繁閑の差を埋められるということだ。呼量をコントロールできるため、コスト削減にもつながる。顧客の利便性も高まり、インバウンドのみで「待ち」の姿勢を維持するよりも効率的な運営が可能となる。インバウンドがメインのセンターであっても、アウトバウンドを織り交ぜた対応にしていくことは財務面でも効果が高い。

●ＩＴ投資額と自動化の成果

インバウンドコールには、あらかじめ決めておいた手順のみで対応が完結する業務もある。注文のキャンセルはその一例だ。顧客情報を検索して注文商品を確認し、キャンセル手続きを行う。「システムの不具合によりＷｅｂサイトでのキャンセルができない」、「操作方法がわからずに手続きを進められない」というようなケースをのぞき、有人対応である必要はない。Ｗｅｂサイトや ＩＶＲにそのプロセスを代替させることが可能だ。

システム対応の利点は、「24時間、いつでも待たずに対応してもらえる」という利便性を提供できることだ。当然ながら、ミスも生じない。システム改修への投資が、有人対応のコストを下回る試算となるのであれば、導入すべきだ。

すべてのコールをシステムで代替できなくとも、効率化を進める方法はある。例えば、顧客を特定するために氏名・住所・電話番号・会員番号などを毎回、聞いているのであれば、その作業をＩＶＲで行うことで、オペレータの通話時間を数十秒削減することが可能となる。対応時間や処理時間の短縮が、生産性の向上に直結するのであれば、導入投資効果として認められることもあるはずだ。

コールリーズンごとのコールフローを今一度、精査すべきだ。システムによる代替処理が可能であることがわかれば、コストを試算した上で導入に舵を切る。大半の顧客は、「人と対話をしたい」のではなく、正確性、迅速さ・確実性などに満足するものだ。「誰が対応しても同じ」という対応内容で、手順も標準化されているなら、自動化の対象になるかを見極める。コールリーズンごとの変化には常に気を配っておくことが重要だ。

●採用費と品質

コールセンターの品質を一定水準で維持しながら運営するには、人員数を維持する必要がある。企業が成長しているのであれば、さらなる人員増強が求められる。

在籍しているオペレータにも、結婚や出産、家族の転勤などの転機がある。そうした就労者側の事情による離職・退職を避けては通れない。一定数の離脱を想定した採用活動を行っていく。

世の中の景気動向に伴い、全国全業種で採用が困難になっている状況であれば、首都圏であるか地方であるかというセンターの運用拠点を問わず、採用は厳しくなる。だが、必要要員数を確保したいがために、必要とする素養や学習能力、協調性などの評価要素が期待水準に達しない人材を採用してしまうと、結果として大きな代償が発生しかねない。

自社が設定している水準に達していない人材を採用すると、さまざまなデメリットが発生してしまう。例えば、学習能力の面で水準に達しない場合、教育期間が長引いてしまうことや、教育期間中に脱落(退職)してしまうケースが少なくない。協調性で水準を満たしていないと、チーム配属後にチームワークを乱すことや、「この業務は自分に向いていない」と考えてやはり退職につながることもある。

採用や教育費用が無駄になるだけではなく、着台した後にも顧客対応の品質を一定レベルで維持できず、顧客の不満を創りだしてしまう可能性もある。これは、最も避けなければならないことだ。要員数が揃わない場合であっても、条件を妥協した採用は避けるべきだ。採用レベルと対応品質は相関するものであるため、採用コストが上がることを理解した上であらかじめ早めの計画を策定すべきだ。

コールセンターを運営するにあたって、何にどれだけ使っているかを知ることは経営の基本だ。センターマネジメントが1コールいくらで仕事をしているかを知らないような金銭感覚では管理者たる資格はない。自分のお財布の中身を知らない人に､仕事を任せることはできない。

同様に、コールセンター全体の運営コストが会社全体の経費に占める割合と、その変動について把握していないのであれば問題だ。営業政策上、コールセンターの経費を増やしているのであれば問題ないが、政策的変動要素がないときにセンター運営費が増える場合には会社の商品やプロセスに問題があることが多い。コールセンターの経費は会社の品質のバロメーターであることをセンターマネジメントは認識すべきだ。

これらを意識して予算の立て方と使い方を見直せば、より戦略的で効率的な経費の活用方法を発見できるはずである。コールセンターの役割、規模と成熟度が違えば経費配分も異なる。事業計画や将来性によっても予算計画は大きく異なるため、大所高所から俯瞰しながら現場のコスト感覚を磨いてもらいたい。

第4章

戦略をカタチにする ～サービスシナリオの構築と実践

企業は、収益を向上させ、継続的に成長するため、既存の顧客を維持し、新規顧客の獲得を目指す。企業の成長戦略は、顧客の満足度を高め、あるいは維持し、企業のファンになってもらい、新規の顧客に対する間口を広げる施策そのものだ。コールセンターは、この企業戦略を機能させるために不可欠な組織だ。戦略を具現化するためのサービスプロセスを構築し、実践していくことこそが重要なミッションとなる。

サービスプロセス(シナリオ)構築について解説する前に、実際に全社の事業戦略に基づいてコールセンターの役割を柔軟に変化させた事例を見る。商品の提供形態の変化に即応してコールセンターが進化、企業戦略の一翼を担うまでに進化した事例だ。

事例　サービスプロセスを180度変えたサイボウズ

グループウエアを提供するサイボウズは、企業戦略の変化に伴ってコールセンターの機能を大きく変革させた。

かつて、ソフトウエアの販売形態はCDなどのメディアに収めてライセンス販売するのが一般的だった。現在も、多くのセキュリティソフトウエアや年賀状作成ソフトウエアなどのCDが箱型のパッケージで販売されている。

インターネットが普及し、大容量データを送受信できるようになると、ライセンスソフトウエアをWebサイトからダウンロードする形態やクラウドサービスが急速に普及した。いずれもWeb上で必要な情報を入力して決済が完了すると、すぐに利用できる。販売チャネルは、メーカーが自社で運用するWebサイトやショッピングモールへ出店して直接販売するケースも増えている。

法人向けに箱型のパッケージで販売をしてきたサイボウズも、ダイレクトダウンロードやクラウドでの提供をはじめた。企業の販売戦略が変わったことにより、サービスモデルも大きく変化せざるを得ない状況になった。従来は、購入を検討している法人に対して営業担当者が商品の詳細情報や導入方法を伝えて購入してもらっていた。ここから、対面営業を介さないダイレクトモデルに変化したのだ。顧客は購入の意思決定をすると数年間は継続使用するのが通例であったが、ダイレクトモデルが普及すると契約も解約も簡単にできるようになったことで、敷居が下がった。

これに伴って、コールセンターに求められる役割も変化している。従来は、購入した顧客に対する機能の説明や使用方法のコーチング、トラブル時の対応というようなテクニカルサポート、ヘルプデスクの機能を果たしてきた。だが、サービスモデルの変化により、購入前の顧客、いわゆる潜在顧客への商品説明などの営業的な要素を含むようになる。加えて、解約率を低減させるためのサポートを充実させ、継続利用率を高める営業活動も同時に行わなければならない状況になった。つまり、サポート要員に技術教育を施すだけでコールセンターとして機能していた時代は終わったということだ。今や、潜在顧客のニーズを高めるためのトークや、既存利用者に不満や要望をヒアリングする御用聞きの役割まで果たさなければならない。オペレータは、知識を身につけて求められた質問に回答するだけでなく、接客のスキルまで必要となった。

また、クラウドモデルでは、すべての顧客の情報を捕捉することができる。顧客ごとに利用状況を把握して追跡し、トラブルレポートを収集するなどして、さまざまな情報を活用できるようになった。顧客の声が集まるようになったことで、品質改善もしやすい環境になる。当然、こうした情報が集まるコールセンターは、全社の情報収集拠点といえる立場になった。新たなサービスプロセスを生み出し、企業戦略を支える組織になれるということだ。

企業が成長するにつれ、戦略は変わっていく。それに基づき、サービスモデルも変化する必要があることはソフトウエア業界に限った話ではない。チャネルや「売り方」の変化は、すべての業種で同様の現象が起きている。

変化する企業戦略、サービスモデルを予測しつつ運営を変革することが求められる環境で、それをどのように実践するのか。本章では、現実に求められる「安定性」を担保しながら、将来の変化に対応する実践方法について、組織体制を中心にみる。

時代が変わっても、顧客からのインバウンドコンタクトは、無くなりはしない。つながりやすさを保証し、迅速・正確な対応を提供し続けるというコールセンターのミッションは変わらない。センターの運営には不可欠なのは「安定性」だ。コール予測では精度を追求し、休日や研修など不可欠な要素を加味した要員計画を作成し、稼働率を一定に保つ必要がある。これを実践するには、必要な機能を適切に配置した組織を作る必要がある。

コールセンターを運営するために必要な組織は、大きく分けて2種類ある。ひとつは電話やメールなどの顧客対応業務を行うオペレータを中心とした「オペレーション組織」。もうひとつが、そのオペレーションが円滑に機能するための「サポート組織」だ。コールに対応するオペレーション組織の必要性は周知のことだが、重要なのはコールセンターの能力を大きく左右する「サポート組織」にある。この組織は、オペレーション要員が兼任して運営できるものではない。専門能力を養成する役割があることから、独立したチームを設けて責任の所在を明確にすることが重要だ。

本章では、安定性を保証するためのサポート組織体制に必要とされる役割・機能のポイントを15の項目に分けて整理する。

1　コールをマネージする

「コールマネジメント」とは、設計したサービスプロセスに基づき、顧客からのコールに計画通り応答し、稼働率を一定に維持しながら運用することを指している。安定性とは、このコールマネジメントができていることにほかならない。これを実現するには次の４つの役割が組織体制の中に不可欠である（**図４・１**）。

●**コール予測責任者**：安定的な運営を実践するには、「どれだけのコールが、いつ入ってくるのか」を予測し、「コールに対してどれだけの処理時間を要するのか」を把握した上で必要な要員数を試算する。これが事業計画の前提条件となる。短期的には、直近一週間から一カ月の時間単位で必要要員数を試算する。電話によるアウトバウンドやメール／チャットなどへの対応も要員数に織り込む。

図 4・1　コールマネジメント・チーム

●要員計画作成責任者：右記試算に基づいた、曜日単位、時間単位のシフト作成を行う。研修や打ち合わせなどの非顧客対応業務を織り込んだ計画にする。欠勤や遅刻早退などの日々の修正にも対応し、現実的な運用計画に反映する。日々変動するアウトバウンドやメール対応については営業時間中に対応方針を決めて、計画を修正する。過剰要員が想定される場合には、適宜研修を予定するなどの臨機応変な対応が必要となる。

●スキル別・チーム別運営責任者（スーパーバイザー）：サポートチームが策定した計画を実践するオペレーション部隊のチームメンバーがモチベーション高く計画通りの運営を実践することができているかどうかを監督する。個々のオペレータの品質も管理しながら、チーム目標の達成に責任を持つ。

●リアルタイム管理責任者：いかに精度の高い予測を作ったとしても、現実に運営していけば過小人員、過大人員になることは免れない。長時間のコールが発生する場合や体調不良で要員計画に修正を余儀なくされることも少なくない。これに対応するには、他チームと連携した防災計画を準備しておく必要がある。

2　スキルをマネージする

すべてのコールの対応品質が期待や目標に到達しているか、設計したサービスプロセスに則って適正なものとなっているかを追求しなければならない。サービスプロセスを完遂する一連のバリューチェーンにおいて、どのプロセスに問題があるかという評価と、軌道修正するプロセスがスキルマネジメントだ。これを実現する5つの役割がなければ適正な運用はできない（図4・2）。

●採用責任者：企業のサービスプロセスを実現するためには、必要な知識を吸収し、定めたルールにしたがって対応できる資質を持ったオペレータが必要だ。オペレータ個々人の資質を見極め、必要な人数を確保することが採用責任者のミッションだ。

●トレーニング責任者：新たに採用したオペレータや社内転籍者、配置換えとなった既存オペレータなどに、サービスプロセス研修を実施する。企業内のルール、サービスプロセスの意義やそれを構築した背景、商品やサービスの知識と応対スキル、システム操作の訓練などを実施する。

●ナレッジ管理責任者：トレーニングに必要なナレッジを一元化し、変更・更新をする。コンテンツは、集合教育だけではなく、シフトによるトレーニング時間の柔軟性を確保するため個別のｅラーニングやテストも含めてデジタル情報化されている必要がある。

● **品質管理責任者**：ナレッジが身についているか、顧客の期待に応えているかどうかを確認し、問題があれば追跡・指導する。第三者的公正な評価方法の展開と併せて発見された課題の解決手段なども提案する。

● **スキル別・チーム別運営責任者（スーパーバイザー）**：チームのメンバーがあらかじめ定義されている品質を実行できているかを監督する。オペレータが自信を持って応対できるようにコーチングし、品質目標の維持達成に励む。定期的にモニタリングや面談を行い、改善点と具体的な改善方法も提示する。

図 4・2　スキルマネジメント・チーム

3　プロセスをマネージする

企業戦略を実現するために、サービスプロセスを構築し、導入設計と展開を図り、実際の運用状態を測定、課題の発見と修復する。この一連の流れがプロセスマネジメントだ。

これを実現するには次の5つの役割が組織体制の中で不可欠だ（図4・3）。

●プロセス企画・管理責任者：サービスの提供に際してその目的と意義、効果を明確にして、実現のための工程を管理するプロジェクトマネジメントの機能が求められる。社内関連部署のみならず、外部パートナーとの連携や予算管理部署との折衝も含めた総合的なプロジェクト管理能力が必要。

●関係部署リレーション責任者：サービス提供に期待する社内関連部門との窓口を務め、齟齬のない意思疎通と情報共有の役割を担う。社内関連部署の業務内容にも精通している必要がある。

●防災・セキュリティ責任者：サービスの提供目的に則した、災害対策や事業継承の重要性と実装手段の検討を行う。安定運用に不可欠なセキュリティ基盤と運用の確実性を担保するフレームワークを構築する役割。

●ＶＯＣ責任者：計画したサービスプロセスが計画通りに運用されているか、想定外の事象が現れていないか、問題になりそうな予兆がないかを日々検出すると同時に修復を行うメカニズムを構築する役割を担う。

●情報システム責任者：サービスプロセスの運営に際して必要となる技術的環境整備を行う。電話系通信システム、情報系通信システム、顧客情報の閲覧・記録、通話／操作記録、オペレータ支援情報システムの構築など幅広い技術に精通しながら運用にも配慮できる専門技術が期待される。

安定性を担保するためのマネジメント領域について、とりわけ重要なサポート組織の体制を述べた。

コールセンターの運営は、単純に同じことを繰り返すだけでは、顧客満足を高め、経営貢献することはできない。サービスに完璧はなく、常に変化する。昨年の顧客と今年の顧客では、持っている期待は異なる。ビジネス自体に変化がなく

図 4・3　プロセスマネジメント・チーム

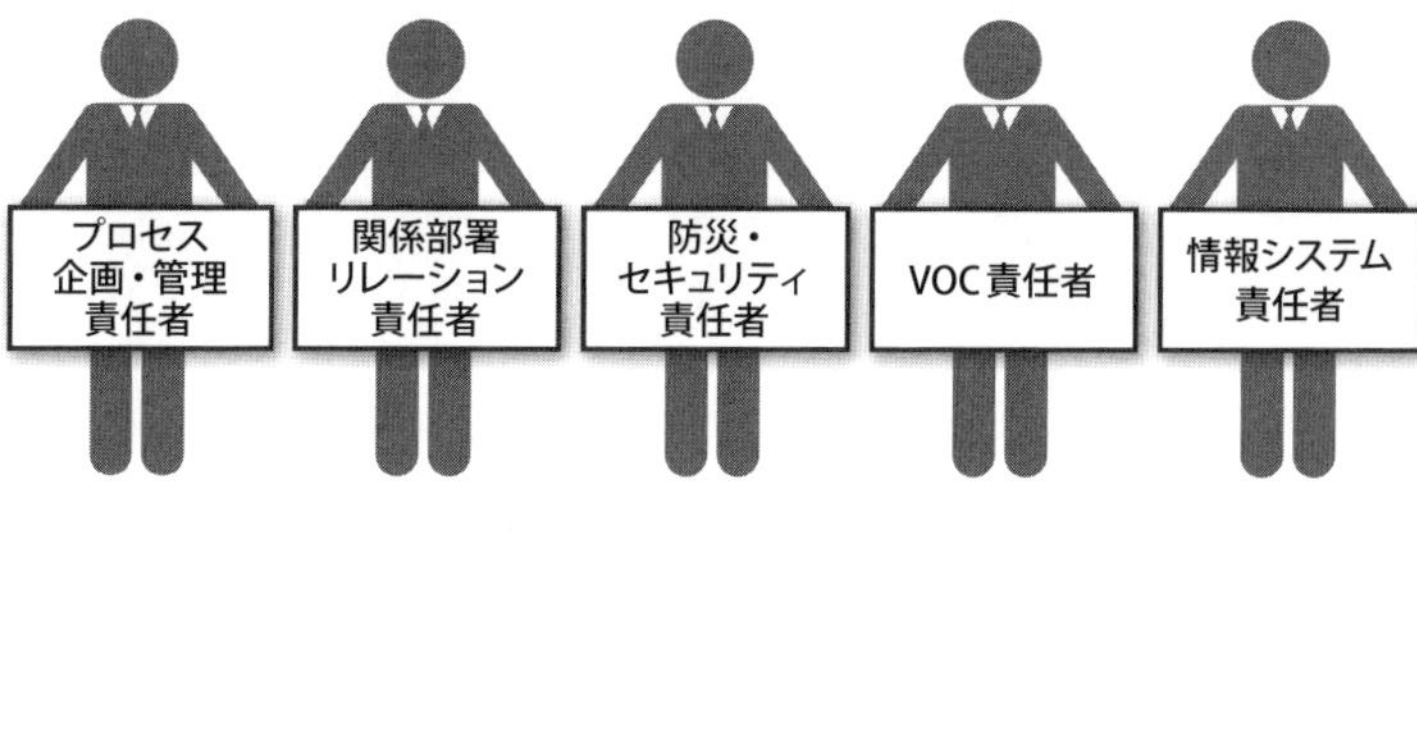

ても、顧客層や顧客の期待が変化すれば実現すべきサービスも異なる。

他社との差別化を図るべく、サービスをひとつの「価値」として企業戦略に組み入れる企業は増えている。サービスの品質を高め、顧客を維持・拡大するツールとして使おうというものだ。「サービスの商品化」を目指す動きともいえる。

企業戦略に合わせた、あるいは企業の成長をリードするためのプロセスを企画・提案できる俊敏さを持つ体制に変革しなければならない時代になっている。

4 組織をマネージする

一旦計画されたサービスプロセスを変更することに対して、現場は大きな抵抗を感じる。加えて、既存の安定性を損なう恐れもある。しかし、変革がなければ次のステージに進むことはできない。

現状のサービスプロセスを変更する、あるいは新たなプロセスを導入することに前向きに取り組む文化が必要であり、変化が常態化している環境を作る必要がある。

現実の運営への影響を最小限に抑えるには、新たな環境を構築するための小規模の専任組織を用意するとよい。サービスプロセスの修正や新たなプロセス企画を目的とした「ベンチマーク・チーム」ともいうべき少人数の組織を組成する。その組織に必要となるのが、以下の役割だ（**図４・４**）。

●**分析責任者**：計画や期待に対して成果を分析し、施策の確度を検証する各割を担う。集積された顧客の声や、応対記録などから、企業に必要な情報を峻別し、暗黙知を形式知化していく。取り扱う情報は、音声系ログ、通話記録、通話録音、Ｗｅｂアクセスログ、顧客購買履歴、顧客属性／ポートフォリオ、売上情報、オペレータスキル情報、品質評価情報、経営計画データなど多岐にわたる。テキストデータのマイニングや統計情報

図４・４　ベンチマーク・チームの構成要員

処理の素養は不可欠となる。

●**プロセス企画・管理責任者**：ベンチマーク・チームのプロジェクトマネジメントを担当する。現行利用中のスクリプトの変更による効果追跡といった軽微なプロジェクトから、新たなサービスを創出する企画検討まで幅広いプロジェクトを実行する。常にさまざまな実証実験を行って成果を検証する役割となる。

●**プロフェッショナルオペレータ**：新たなプロセスを構築するには、その精度を検証する少数精鋭のチームが必要だ。メンバーは、経験豊かなオペレータで構成。企業戦略を理解した上で、現行運用しているトークフローとは異なる、新たなフローを試みて顧客の反応を確認する、といった実験を繰り返す。メンバー選定のポイントは、既存運営チームの中でも評価が高く経験豊富であること。インバウンド、アウトバウンド、メールその他新たなテクノロジーの導入試行にも対応できる柔軟性を併せ持っていることなど。

●**トレーニング責任者**：プロジェクトのデザイン段階から関与して必要なナレッジをまとめ、プロフェッショナルオペレータに対するトレーニングを実施する。プロジェクトの途中段階では実態や成果に基づいて、ナレッジの再構成を行う。サービスプロセスをセンター全体に展開する際は、一般オペレータ向けのトレーニングを実施する。

●**リサーチ責任者**：新たなサービスプロセスの構築には、事前のリサーチが不可欠だ。既存顧客に対する電話アンケート調査やフォーカスグループインタビュー調査、顧客のプロファイリング、他社のサービス実態調査、統計分析データなどの情報を集め、施策の正当性を確認する。投資効果の見通しを立てるためのリサーチを行う。

これらの機能を擁した小規模チームが現状の問題点を修正し、新たなサービスプロセスを構築する。実運用のＫＰＩや評価の仕組みに影響されないチームを持ってこそ、新たな取り組みが可能となる。これが、コールセンターのＲ＆Ｄ（研究開発）部隊だ。

5　アウトソースベンダーをマネージする

コールセンターの一部あるいは全部を外部委託することも選択肢として考えられる。とくに業務量（呼量）の季節変動が大きいセンターでは、自前の組織を持たず、センターの機能を外部調達することも戦略のひとつとして検討すべきだ。

その場合、オペレータやスーパーバイザーは、委託先の企業が雇用するため採用の必要はなく、採用責任者も不要だ。チームの要員計画もアウトソーサーが作成するため、要員計画作成責任者も不要となる。同様に、スキル別・チーム別運営責任者(スーパーバイザー)も採用する必要はない。

しかし、それ以外の機能は委託元の企業に残しておかなければならない。具体的には、企画やトレーニング、レポーティング、ナレッジ、品質管理、VOC収集・分析などの機能だ。これらは、品質維持と情報セキュリティの観点からアウトソースすることはできない。委託元に残しておかなくてはならない機能である。加えて、アウトソーサーの運営評価と折衝業務、管理監督のためのベンダー責任者も必要となる。オペレーションは委託できても、戦略立案とチェック機能は自社の責任において実践すべきということだ。「ベンダーマネジメント組織」の設置が前提となる。

アウトソーシングは、あくまで現場機能を補完するためのものであり、専門能力や時間とのトレードオフの観点で利用するものであることを理解しておく必要がある。

6 サービスプロセスの軌道修正

精度の高い運用であっても、計画と現状との乖離は少なからずあるはずだ。そこで、計画がどれほど実態と違うのか、想定していた計画と実態が異なっている原因などを極力早い段階で発見し、計画の軌道修正を行わなければならない。

例えば、サービスプロセスを構築する際に前提としてきた「顧客」の定義がそもそも間違っている場合もある。サービス拡大に伴い、顧客層が変化していけば、顧客の期待値も変わってくる。いずれの場合であっても、現状運営しているプロセスと乖離するのであれば見直さなければならない。

想定していた対応品質と現状が乖離する原因は、内部にも存在する。採用したオペレータの教育が適正でない場合や、オペレータのモチベーション低下に伴う応対品質の低下などだ。このような場合は、原因を把握し、影響が一時的なものであるのか、今後も影響する慢性的なものであるのかを予測する。対処法はそれぞれ変わってくるはずだ。

いずれにせよ、「何かおかしい」と気が付くことのできる体制があることが戦略実現のためには不可欠だ。

7　オペレーション・セグメントによる心理的アプローチ

サービスプロセスは、ある特定の顧客セグメントを想定して構築するものだが、計画時点で想定していた顧客の行動や心理と現実が異なっていることは多い。

インターネットが普及しはじめた２０００年頃は、セキュリティの観点から、個人情報やクレジット情報をＷｅｂに入力することに抵抗を感じる消費者が大半だった。そのため、オンライン通販会社では、Ｗｅｂ上でのクレジットカード情報の入力を下４ケタに限定し、ＦＡＸで残りの情報をコールセンターに通知することでクレジット情報を登録するサービスを提供していた。インターネットが広く普及し、セキュリティ環境が整った後は不要となったサービスではあるが、当時は同サービスの利用者が多く、インバウンドコールの約25％を占めた企業もあったという。こうしたサービスを発案し、提供したことで、インターネットの安全性に抵抗感のある消費者も顧客に取り込むことができた。

自社のサービスを利用する顧客の心理状態とその変化、リテラシーの成熟度などは、その時代に応じても異なる。デジタル化によって時代の流れが加速した現在こそ、顧客について適正に把握し、サービスプロセスを軌道修正することが重要だ。

8 変化を測定する〜NPSとCES

業績の先行指標として利用されているNPS（ネット・プロモーター・スコア、**図4・5**）。これは、アンケート調査で、「この企業（あるいは、この製品、サービス、ブランド）を友人や同僚に薦める可能性はどのくらいありますか」という質問に0〜10の11段階で回答してもらう。回答のうち、10〜9点をつけた回答者を推奨者、8〜7点を中立者、6〜0点を批判者と分類。推奨者が占める割合から批判者の割合を引いた数値を指す。

図4・5　NPSの概要

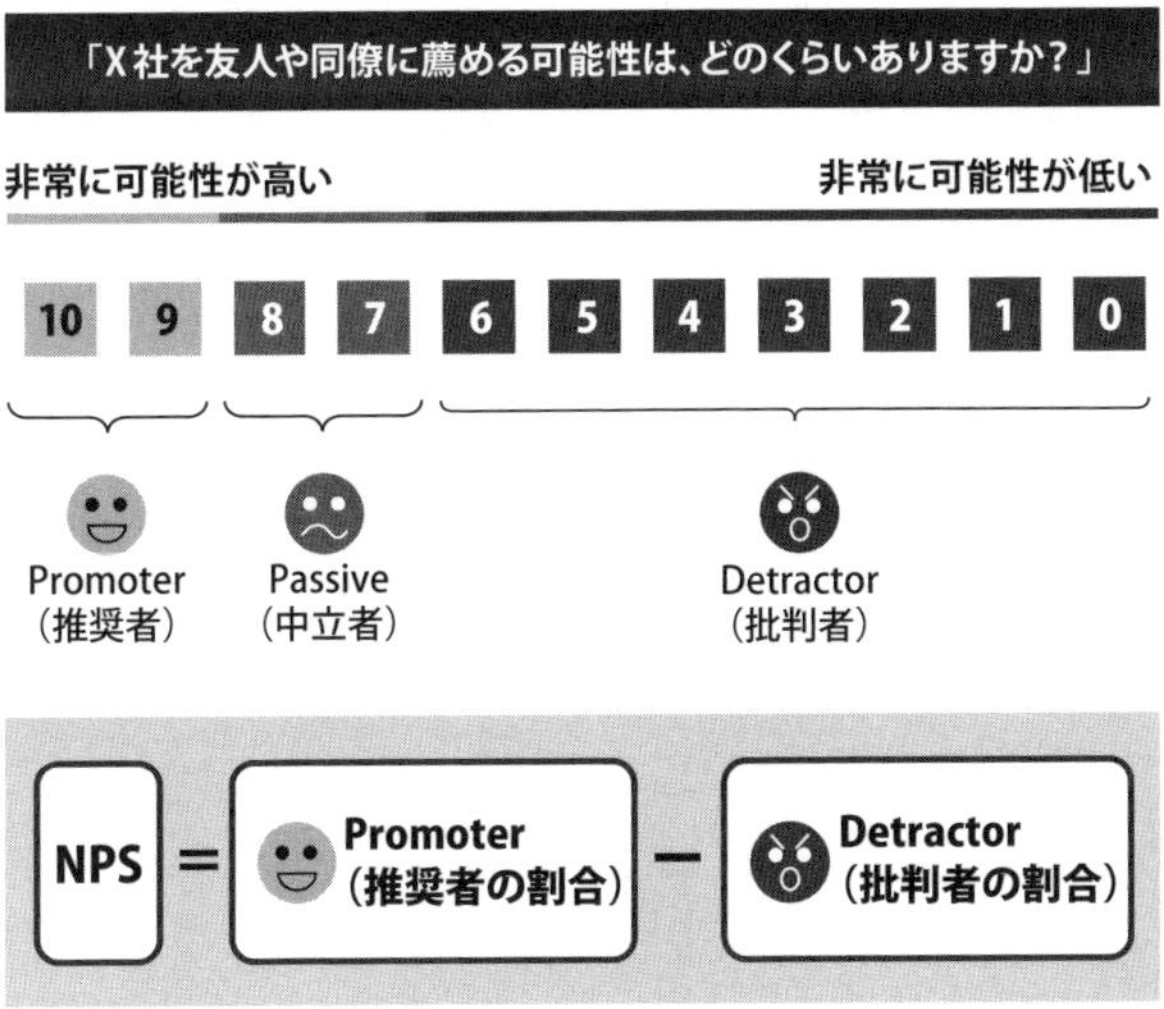

出典：『ネット・プロモーター経営』（プレジデント社）を編集

図 4・6　CES（カスタマー・エフォート・スコア）の概要

質問	**How much effort did you personally have to put forth to get your issue resolved?** あなたは問題を解決するために、どのくらいの労力（努力・手間）が個人的にかかりましたか？	
選択式で回答	**1. Far Less than I expected**	（予想よりはるかに少ない労力だった）
	2. Slightly less than I expected	（予想より少ない労力だった）
	3. About as much as I expected	（予想と同等だった）
	4. Slightly more than I expected	（予想より、わずかに多い労力がかかった）
	5. Far more than I expected some	（予想よりはるかに多い労力がかかった）

※CSやNPSとは異なり、CESでは低スコアがプラスとなる

図 4・7　CESの計算式

$$\text{CES} = \frac{\text{不満／負担コール数}}{\text{顧客数}}$$

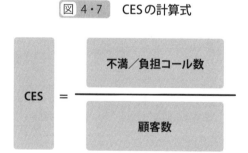

例えば、10人中6人が9点以上なら、推奨者は60%、6点以下が二人いれば批判者は20%なので、NPSは＋40となる。スコアが大きいほど顧客の再購買や購入層の連鎖を生み業績が拡大する。

この手法を導入するか否かに関係なく、「経営指標との相関性」という合理性に着目してサービスプロセスを設計することは効果的だ。

顧客が問い合わせをする背景には、「企業の製品やサービスに対する期待値を下回っている」「Webサイトや説明書の不親切や説明不足」などの〝原因〟がある。「顧客がわざわざコールセンターに問い合わせを

図 4・8　NPSとCES

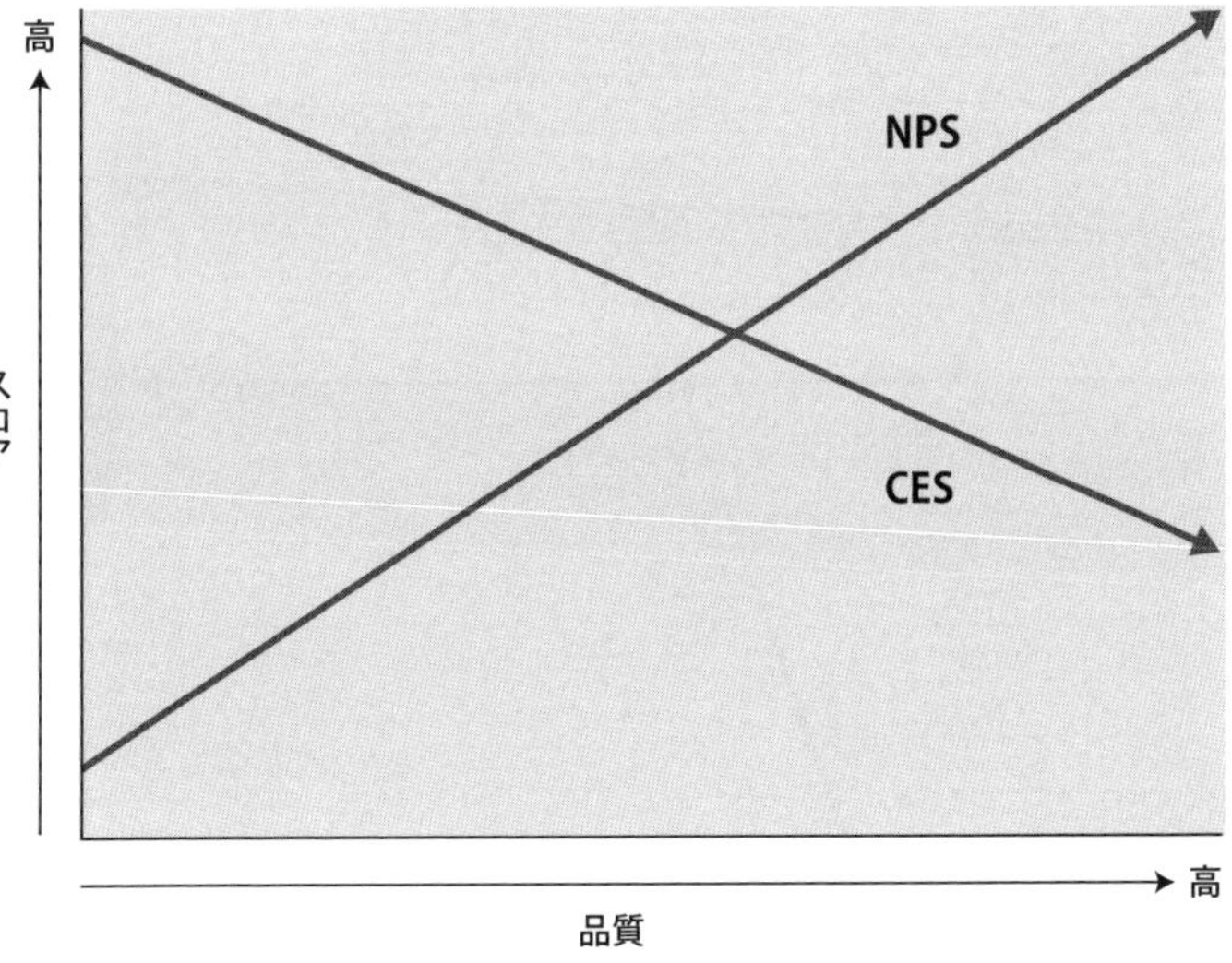

する」という事態を減らすためには、「どこに問題があったのか」を究明することが重要である。

そこで、新たに着目されている指標がCES（カスタマー・エフォート・スコア）だ。これは、**図4・6**のような設問でヒアリングを行い、「企業が提供しているプロセスのどこにマイナス要素があったのか」を指標化するもの。

具体的には、「キャンペーンの内容を詳しく教

図 4・9　CES：顧客の不満足要素の追求

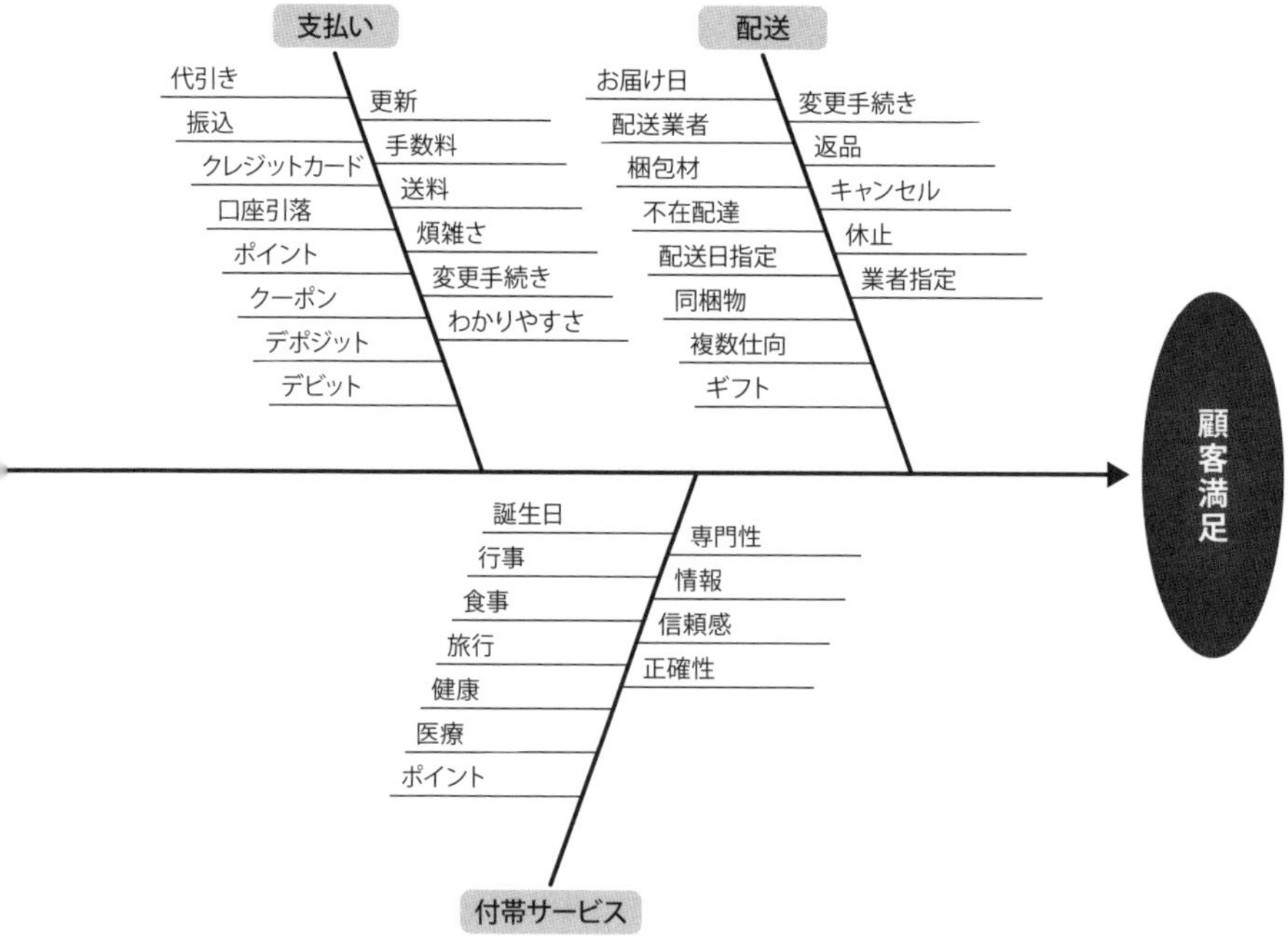

えてほしい」「注文した商品がいつ届くのか」「商品の効能や使い方がわからない」「Ｗｅｂの使い方がわからない」など、不便が想定されるプロセスをいくつかに絞り込み、その中で「不満の声が多いポイント」を検証する。

　全顧客にヒアリングできるわけではないが、「氷山の一角」と捉えて、ロイヤルティを下げている不満要素を特定するのに有効だ（**図4・7**）。これが、コールセンターので

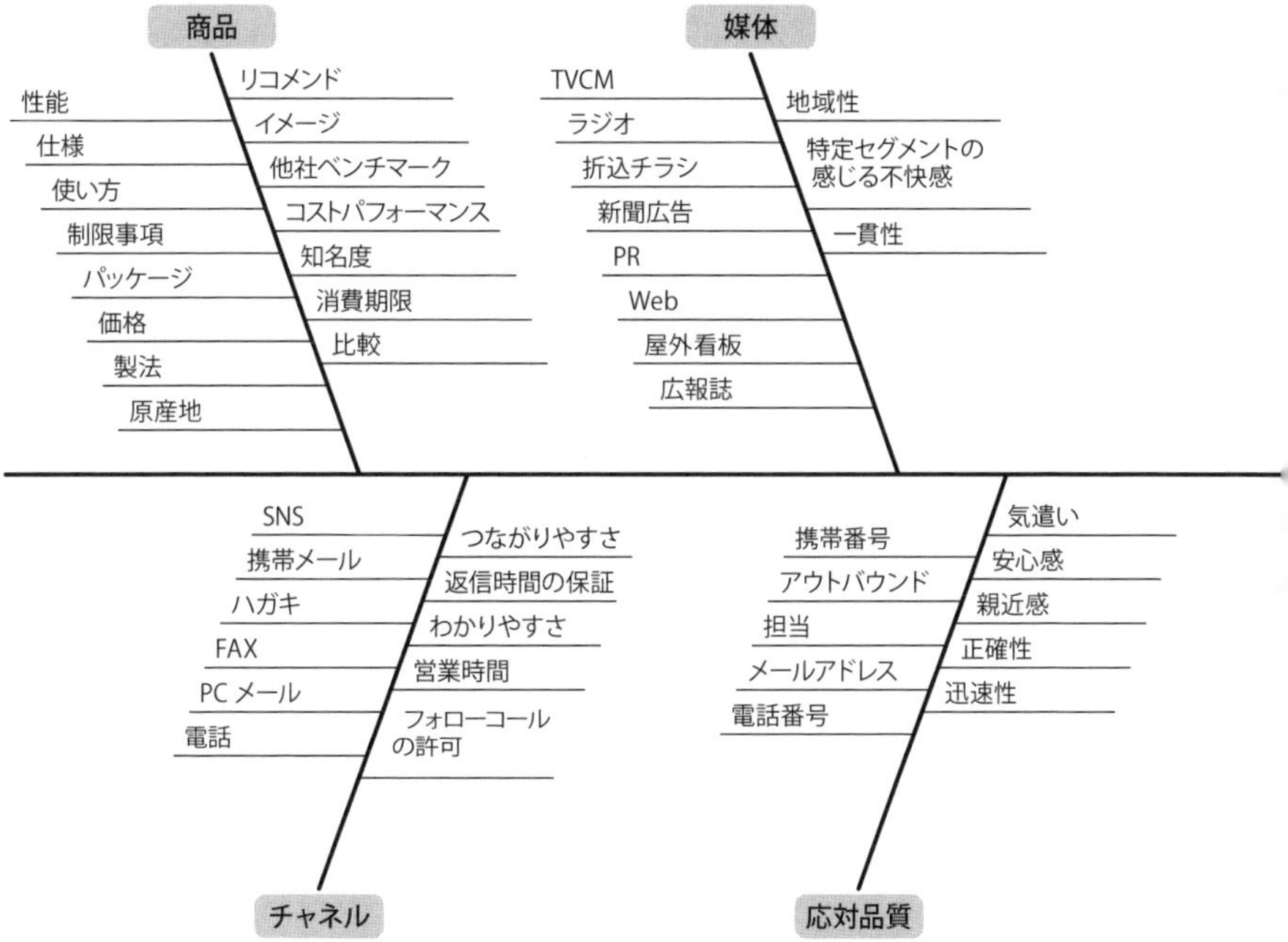

きる具体的アクションだ。

ＮＰＳや顧客満足度指数はスコアが高いほど品質が高く、ＣＥＳは低いほど品質が高いといえる（**図４・８**）。

ＣＥＳのスコアは業界や企業ごとに適正値が異なるが、コールセンターでのアクションを明確にするための利便性を備えた指標といえる。

具体的には「配送関係の問い合わせ件数」を対象にすると、特定期間や前週との比較から不満足度要因の解消状況を把握できる。件数が増えていれば、原因を調査し、課題を解決する。コールリーズンが管理できていれば、社内プロセスのボトルネックを特定し改善の活動を進めることができる。

図４・９のフィッシュボーンに示すように、顧客が企業から離反するにあたっては、多くの不満足因子が存在する。個々の因子の要因を把握することは、企業活動が適正に運用できているかどうかを判断するための貴重な情報だ。

分析責任者や、プロセスの企画・管理責任者が不満足状況を把握したうえで、ＶＯＣ担当者や部門責任者、他部門とのコミュニケーションを図る。こうして、不満足因子を減らす活動を推進する体制を作ることで、顧客の潜在的な期待に応えることができる。

9　ロケーションをマネージする

内部的な変化の兆候を捉えることは、安定性を確保するためには重要な気づきとなる。「求人広告を出しているが応募がない」「応募者の素養が求めている素養とマッチしない」「既存スタッフからの友人や知人の紹介件数が減っている」など、採用難の状態が一過性なのか慢性的なのかは重要な経営判断のポイントとなる。採用対象地域に新たに物流センターが建設される、ショッピングモールの構想があるというような状況があるなら、他業種であっても採用状況悪化につながる。

また、スタッフの離職や規模を拡張するための人員強化が計画的かどうかは、常に考えておかなければならない課題である。要員を増強するには、採用から教育まで含めて最短でも3～6ヵ月の期間を要する。早期の兆候把握と対処が必要となる。

企業戦略に呼応したサービスプロセス実現のためのコールセンターの分散、集約、移転、拡張は組織戦略と併せて極めて重要な経営判断なので、常に各地の雇用情勢や不動産の状況にはアンテナを張っておく必要がある。

10 スキルパスをマネージする

「これ以上、先がない」というスキルパスの天井がある場合、オペレータが長期間モチベーションを維持することは難しい。高まり続ける顧客の期待に応えなければならないコールセンターの挑戦に終わりはない。そうであるのに、オペレータが挑戦に限界を感じてしまえば、組織としても成長できない。挑戦する風土を作り、維持することが命題である一方、学習と能力開発への意欲に天井を設けることは、変化を阻害しかねない。変わらぬ達成目標を掲げ

図 4・10　スキルパスの例とポイント

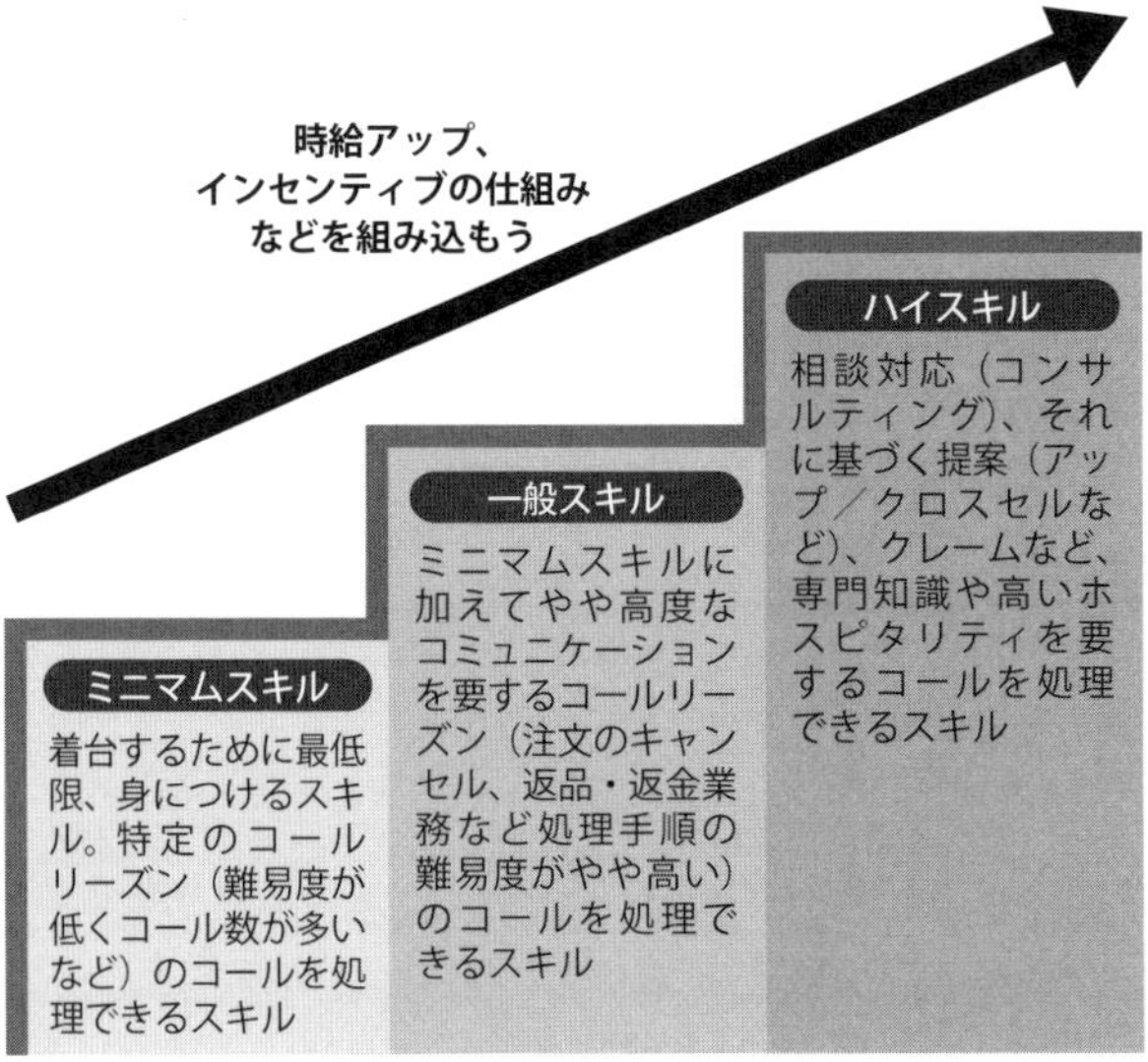

続けることも、挑戦する意欲を損なう可能性が高い。スキルパスの例が図４・10である。

常に目標は高く、学び続けて成長できる組織風土を作ること、それを支える制度に工夫をこらすことが重要だ。

11　コールフローをマネージする

一貫したサービスプロセスを提供するには、コールフローの中に顧客の期待を確認するフローが必要だ。常にサービスプロセスを評価し、今後のプロセス改善に活かす仕組みなくして進化はない。

ある企業では、30秒間の調査を3カ月間実施して、その結果を基にプロセスを見直すことを計画していた。しかし、この実施期間中に予想以上の問い合わせが入った。中断するか継続するかを判断するためシミュレーションをしたところ、調査を断念しなければ、当初想定していたサービスレベルが維持できないという結果が出た。

こうした場合、調査を継続するか断念するか、どのように判断するべきか。財務面から考えると、「すぐに断念して接続率を維持すべき」と結論づけられる。だが、サービスモデルとしては、より高品質なプロセスとフローを再構築するために調査が不可欠だ。こうした状況はよくあることで、このことに悩むコールセンターは多い。「目前にある現実に対処するために、未来への投資を諦めるべきか」というジレンマだ。資源の配分は、常にコールセンターの経営を悩ます課題となっている。

「1件あたり30秒」という短時間ではあっても、センターの規模によっては数十、数百名規模の人員不足になりえる。企業としての全体最適化を目指すには、部門内だけでなく、経営陣や経理財務部門、人事部門も含めた関連部門を巻き込んだ議論と合意が必要だ。

日常的に他部門とのコミュニケーションが取れていた同社は、同様の調査データが必要だった物流部門が、「仮説のサービスプロセスに修正することができれば、コール抑止と顧客満足につながる」と助言し、調査を継続したという。一定期間、顧客に不便をかけることにはなったが、それ以降は調査データに基づいて修正されたプロセスによって、人員増を招くことなく運営できた。

第3章の「方法2．活動原価計算（ABC）によるコスト配布」で解説したように、コールセンターのコストをコールリーズン分類に伴い、それぞれの部門に課しているのであれば、こうした際の対応はよりスムーズになる。日頃から各部門がコールセンターのコストを気にかけているため、資源を配分する問題にもすぐに結論を導くことができるわけだ。

現状を正しく把握し、時間や人的資源をどのように活用するかを考えるのがマネジメント層の役割だ。短期的な成果を追求するか、長期的な効果を見込むかという戦略的な視点で判断しなければならない。

12　コスト管理

社内の他部門がコストを担う、つまりコールセンターにとっての「顧客」と見立てる場合、各部門が求めるサービス効率や品質を維持できているかを常にチェックしなければならない。マーケティングや経理、物流などの各部門が要求する水準に対して、「オペレータの知識やスキルが到達しているか」「品質と効率は目標を維持できているか」という視点が求められる。その上で、語彙（ごい）を増やして、聞き直しや説明の漏れがないように表現方法を工夫して伝え、通話時間や後処理時間を短縮させていく。類似の問い合わせや単純なコールは、Ｗｅｂサイトの充実やＩＶＲを活用するなどして件数を減らす。セルフサービス化などで対応コストを削減する手段を考えることは、コールの内容を把握できるコールセンターだからできることである。現場の工夫で成果を見込める短期的な改善施策はすぐに着手すればよい。だが、他部門の力が必要な案件や、ＩＴ投資を前提とした改善は、成果を生むまでに時間を要する。周到な計画を策定することが重要だ。

13　優先順位をつけてリソースを活用する

サービスプロセスを有効なものにするには、「センターのどの機能を強化するか」という優先順位をつけることが必要だ。投資すべきところと、抑制すべきところを明確にしなければ、適正な運用はできない。

具体的には、採用と教育は、センターの運営年数や成熟度に関係なく常に投資が必要な領域だ。企業のミッションを達成できる資質のオペレータを確保することは、センター運営には不可欠といえる。ここへの投資を抑制すると、結局退職率が高くなってしまい、採用を繰り返すことになる。加えて、教育の期間やコストが嵩み、担当者の負荷が増え、品質も目標値を達成することが難しくなる。素養のフィルタリング、電話インタビュー、書類選考、面談・試験などを通じて企業の価値観と文化、そしてチームメンバーとの協調性を評価した上で採用する必要がある。派遣会社に「質の高いオペレータを確保してもらう」というのもひとつの方法である。

いずれにしても「サービスプロセスを実現する資質」を明確にしておくことは重要だ。「期待する資質の基準を満たさないかぎり採用しない」という原則を貫くことが、結果的には経済的かつ効率的だといえる。その前提で予定の１割しか採用できない場合であっても許容する。採用回数を増やし、募集方法を見直すことで、必要な資質を備えたオペレータの応募が増えるケースはかなり多い。

したがって、運用計画には「一度では採用できない場合の影響」をあらかじめ織り込んでおくことも重要だ。スキルの細分化によって着台までの時間を短縮し、バックヤードのチームも緊急対応できるように研修を行っておくというような対策によって、個々のオペレータのスキルレベルを下げた運用を行うことも可能となる。創意工夫によって打破できる壁は少なくない。

センターにおける能力開発に終わりはない。初期研修に始まり、ＯＪＴや日常のスキルアップ研修、応対テクニックの習得。これらの研修は体系化し、管理者の指示はもちろん、オペレータが必要性を感じたら自主的にも学べる環境を作っておく。場合によっては、外部研修もカリキュラムに織り込んで予算化しておくべきだ。学習環境への投資も、センターの継続運用には不可欠な要素だ。

個人情報を日常的に扱うコールセンターのセキュリティにも手を抜くことはできない。セキュリティゾーンの設定や情報アクセスの管理、ペーパーレス化、個人所有物の管理など、センターの規模に合わせた物理的な投資が必要となる。

オペレータは、一日の大部分をデスクの前でディスプレイを見て過ごす。身体的負担を軽減させるためには、施策・設備への配慮も重要だ。机の高さや椅子のすわり心地、エルゴノミクス(使う人の心理的・身体的特性に合わせて、健康、安全、快適さを追求する人間工学)に配慮された設備環境や耳にやさしいヘッドセット、照明・空調・空間デザイン・レイアウトなど。これらは、オペレータの生産性や応対品質にも影響する。

電話機やＰＣを始めとするＩＴインフラへの投資も同様である。同時に、マネジメントに必要なデータを取得し、分析する際の精度に多大な影響があるため、投資が必要な領域だ。

これらの基礎的な部分への投資を確保した上で、リテラシーの向上に伴ってサポート組織の機能を順次育成していくというプロセスが好ましい。

14　イノベーションとチャレンジを繰り返す

サービスプロセスは、時代とともに変化する。かつては、インバウンドの電話に応対することが主流の時代もあったが、今では電話に加えてメールやチャット、ＳＭＳ、ビデオ通話、ソーシャルメディア、ＦＡＸ、はがきと、多様なチャネルで対応するオムニチャネルが主流になった。メールでの問い合わせに、電話でアウトバウンドするサポートは、多くの企業で実践されている。顧客がＴｗｉｔｔｅｒで呟いた言葉にレスポンスしている企業もある。そうした時代において、コールセンターはどのようなプロセスを提供すれば顧客に喜ばれるのか、現状のプロセスをどのように変更すれば良いかを常に検討しなければならない。

現実の顧客（ライブカスタマー）の要望から、プロセスを変えていくのだ。

本章「４．組織をマネージする」で解説したベンチマークチームはこの運用に欠かせない。チームが目指すべきは「仮説指向型組織」への移行だ。

「プロセスをこのように変えればこのようになるはずだ」という仮説を元に、現実の顧客を対象に検証する。あるいは、プロセス上での疑問があれば、顧客の反応を確認するための調査を実施する。疑問の解消やプロセス改善の成果が、仮説通りに実証できれば標準プロセスとして一般のチームに展開する。これを繰り返すことで、品質は最適化されていく。

◆コールセンター・イノベーションの変遷

大規模なシステム改修や、時代に合うインフラへのリプレースなど、長期的に労力を要するイノベーションもあれば、オペレータのトークを変えて生産性や品質を上げる短期的なイノベーションもある。コールセンターには、小規模から大規模まで、変革するためのヒントと機会が多数存在する。

優良顧客に対するサービスプロセスを強化するには、新たな顧客のプロファイリングや顧客データベースの改修が必要だ。顧客の担当制にする場合には、オペレータのスキルセットと顧客との相性も検証する。サービスプロセスを改善するための道筋はひとつではない。さまざまな試行錯誤が必要だ。これまで、コールセンターの運営に必要なＫＰＩやシステムが多く研究、開発されてきた(**図4・11**)。要員計算に使われている「アーラン C 式」や、安定的な運用に不可欠なサービスレベルやレスポンスタイムという指標も多く生まれた。

その他、プロセス変革を促すツールも多くある。人手に頼らず顧客対応をこなす音声認識や人工知能の適用などは将来センター運用のパラダイムを変えることになるだろう。続々と誕生している科学的な方法論やＩＴ技術は、運営をより精緻で合理的なものにしてくれるはずだ。

大きな投資を必要とするイノベーションは、前述のベンチマーク・チームによる検証が前提となるが、センター内部のリソースだけで改善できるものもある。

例えば、現場のオペレーションチームでのＴＱＣ活動（全社的品質管理：Total Quality Control）がそれに該当する。製造業を中心に「企業活動に携わるすべての従業員が品質強化の意識を持つべき」という考えで、現場でサークル活動が展開されてきた。サービス分野であるコールセンターでも、取り入れているセンターは多い。また、社内プロセス改善コンテスト（現場発案で、センター内外のプロセスを改善するアイデアや企画提案などを募集・審査する社内表彰制度）を定期的に行うセンターも増えている。

図 4・11　コールセンターのイノベーション

安定運用のイノベーション ⟷ プロセス変革のイノベーション

安定運用のイノベーション		プロセス変革のイノベーション
●アーランC	●コールリーズン体系	●オムニチャネル
●サービスレベル	●VOC（Voice of Customer）	●音声認識
●レスポンスタイム	●VOE（Voice of Employee）	●VA：バーチャルアシスタント
●IVR	●ABC/活動原価計算	●AI：人工知能
	●スキルベースルーティング	●行動志向ルーティング
	●パフォーマンス・マネジメント	●ソーシャル対応
	●ありがとう率	
	●親密度指標	

ミスの撲滅、親近感を生む対話法の開発、システム操作手順の標準化、トークスクリプトの改善、コミュニケーションメカニズムの改善など、現場の意見を基に、品質と生産性を向上させる手法は無数にある。マネジメント層に求められるのは、スタッフがそれぞれ自分の持ち場でのイノベーション手法を日常的に考え、発案できる組織風土を醸成することだ。

◆セルフサービスへの挑戦

コストマネジメントの解説でも触れたが、有人対応のコールを自動化（セルフサービス化）することはコールセンターにしか発案できないことだ。

インバウンドの電話に対して、名前と住所、電話番号、会員番号で本人認証を行う作業をＩＶＲで代替する。あるいは、携帯番号からの発信は、データベースを自動照会して本人認証するような自動化も可能だ。これにより20～30秒の通話時間が削減できるケースもある。同時に、顧客の手間も削減できる。クレジットカードの認証をＩＶＲに振り戻して行うことは、通話時間の短縮にはつながらないが、セキュリティを強化でき、顧客に安心感を与えられる。

電話で受けた問い合わせの回答をＳＭＳで送ると、口頭での記憶違いや聞き間違いなどを回避することができる。商品発送日の案内をＳＭＳで送ると、「いつ来るのか」という問い合わせを削減でき、同時に顧客の信頼性と安心感にもつながる。

どのようなコールに対して自動化が有効かは、ベンチマークセンターでの実験や仮説立案、対投資効果などの試算に基づいて検証しよう。

◆新たなテクノロジーの導入

情報リテラシーが飛躍的に向上した顧客に対応するには、オペレータへのトレーニングだけでは追いつかない。膨大な知識をオペレータが暗記するよりも、対応内容ごとに回答を自動表示するシステム、あるいは検索システムなどの支援機能を使うのが効率的だ。オペレータの負荷も軽減でき、より正確な対応が期待できる。また、個々のスキルに依存せず、高い品質を提供できる。

具体的には、「自然言語による音声認識」の活用がある。一部のＩＶＲにも適用されているもので、顧客の問い合わせ内容の特定や本人確認、会話の要約と記録、感情認識が可能となる。オペレータをサポートする機能としては、対話中の単語や文章に紐づいたガイダンスをリアルタイムで表示し、顧客と同じ画面を共有しながら操作説明ができる機能などもある。教育面では、オペレータの弱点を自動的に判定して学習を促す機能や、個別の指標を分析して対応品質のレポートを自動生成する機能などがある。

その他、自動化ツールは数多くある。加えて、適用可能な技術は日進月歩だ。これらをうまく取り込み、有人対応との融合を図ってこそ顧客のロイヤルティも醸成できる。そのためには、日頃からソリューションベンダーとの交流を図って情報を把握しておくことが重要だ。

15 リーダーシップを発揮できる自律的組織づくり

平準的なオペレータが、日常的に良質なサービスを提供しているセンターこそが理想だ。オペレータはすべての顧客対応で、企業を代表して顧客と向き合っている。一期一会の顧客に真摯な対応をするには、集中力が必要となる。十人十色の顧客対応では、決められた応対手順通りに対応していれば良いわけではない。オペレータが「企業の代表」という自覚と誇りを持ち、商品やサービスに自信と喜びを感じていなければ良いサービスを提供できはしない。

顧客満足のためには、従業員満足が必要だと言われる理由はそこにある。

センターの構成要員全員がリーダーシップを持ち、誇りを持って業務に取り組むためにはどのような経営努力が必要だろうか。そこには外すことのできない5つの要素がある(**図4・12**)。

①有意義な業務

スタッフ全員がサービスプロセスの原則・目的を理解したうえで、自身の役割（ミッション）が明確になっていることが重要だ。これらが腑に落ちていないと、自信のない対応や業務中に手戻りしてしまい、品質低下につながる。丁寧な説明と理解、時間をかけたコミュニケーションが必要となる。

②帰属意識

全員が「同じ目的を共有しているチーム」という連帯感を感じていなくてはならない。それには、センターにおける対応が顧客の心理にどのように影響しているのか、自分の対応は自社にどのように貢献し、どのような影響を与えているかということへの理解が必要だ。

顧客対応自体は個々のオペレータが行うことではあるが、知見を共有し、メンタル面での変化に気づいた人が互いにサポートするような、補完しあう関係をつくることが望ましい。具体

図４・12　「人」のマネジメントの5大要素

1　有意義な業務
2　帰属意識
3　成績を上げる機会
4　承認欲求の充足
5　職務設計と職務への適性

的には、メンター制度や先輩・後輩とのコミュニケーションの機会を設けて人間関係を広げる、仕事以外のプライベートでも交流ができる環境を作ることで帰属意識を高めることができる。

シフト制のセンターでは、スタッフが一堂に会する機会をつくるのは難しいが、ＴＱＣ活動や誕生会などの行事でも連帯感は作れる。センターをあげてのコンテストやお花見、バーベキューパーティ、ファミリーデイ、運動会やハロウィン、ＣＳウイークなど季節のイベントも文化風土の共有には寄与する。

③成績を上げる機会

達成感は、同じことの繰り返しによって得られるものではない。同じ問い合わせに対して、以前よりも上手に対応できるようになったという日々の成長を実感することで喜びを得られる。そのために、わからないことがあった場合などには、調べておこうと思うのが人間心理である。多くの人は、達成感に喜びを感じる。

マネジメント層に必要なのは、そうしたモチベーションをうまくサポートすることだ。疑問や不明点を翌日まで持ち越さず、できるだけ早く解消できる環境が必要だ。スーパーバイザーの丁寧な指導、独学するためのナレッジデータベースやｅラーニングの提供、先輩やトレーナーへの相談がいつでもできるような環境を提供する。また、自身の仕事の成果である対応件数や品質評価、処理時間や保留回数その他さまざまな数値を日常的に閲覧できて、自身の決めた目標とのギャップを感じる環境を用意する必要がある。

④承認欲求の充足

与えられた仕事を忠実にこなしていること、自分自身でよくできたと思うことは「チームのメンバーや上司にもわかっていてほしい」という願望は当然の心理だ。「よくやったね」「良かったね」「がんばってるね」という気持ちの支えは、大いにモチベーションを高める。仕事を見守ってくれているという安心感は逆に困ったときや失敗をしたときにも素直に相談できる風土につながる。毎日のコミュニケーションと交流による信頼感は組織力の礎にもなる。これは、現場のチームだけが実践すれば良いことではなく、サポートチームも経営陣も定期的なコミュニケーションの輪に加わり、階層的な距離感を限りなく縮める努力が必要とされる。

⑤職務設計と職務への適性

オペレータも新人からベテランまで経験年数に違いがあり、知識もスキルも異なる。全員を同じように評価することはできないし、給与体系も違って当然だ。それだけに、スキル別の職務定義が必要となる。やるべき仕事の義務と責任が各々異なる以上、スキルレベルごとに評価できる職務体系が明確でなければならない。

スーパーバイザーに対しても同様で、サービスプロセスに応じて業務内容と管理手法も異なってくることから、スーパーバイザーという職制で一括りに職務定義をすることはできない。前記したサポートチームの個々の機能に責任を持つ職務も、個別の専門職として定義すべきものである。センターの成熟度によってもその内容は変化する。

これらの職務をセンター内で公開していること、スキルを高めると異動できるポジションや、そこでの処遇などについて明確にしておくことが求められる。いわゆるスキルパスの設計だ。スキルの階段を登るためにはどのような能力を身につければよいか、どのトレーニングを受けてどのような試験に合格すればそれが叶うのかを全員が知ることができる環境を作っておくべきである。

また、専門性を要求されるサポートチームのポジションや、マネジメントポジションに自分の意志で進むことができるキャリアパスも用意されていることが望ましい。スキルパスを登る期間を加速させることや、必要なポジションに応募してキャリアパスの階段を登る候補者の適性を見極めることも、経営が考えておかなければならないことだ。

コールセンターの組織体制のフレームワークを作るのは経営の仕事である。

5項目のモチベーションを維持するための考え方を述べたが、こうした考えに基づく施策によって人心を掌握し、組織としての目的達成を目指すことが人のマネジメントだ。

戦略シナリオを実現するにあたって、自社の資源では企業戦略やサービスプロセスの提供に時間的あるいは能力的に無理がある場合には、必要な機能を外部委託する選択もある。最低限、自社で用意しなければならない組織はあるが、人的資源のアウトソースだけではなく、サービスプロセスの設計や、テクノロジーのアウトソースもある。視野を広げて選択肢を増やし、必要に応じて外部委託することで機動性を高めてもらいたい。

第5章

サービスの一貫性を担保する「コールセンターの経営学」

コールセンターは、企業の中で必要不可欠な存在だ。顧客接点としては、営業や店舗などもあるが、コールセンターには、顧客が抱えた不便や不満、疑問が集約される。企業の中で、「顧客の声」がこれだけ集まる組織は他にない。

企業が提供する商品やサービスへの反応を感じ取るためにも欠かせない部門だ。これは顧客接点をコールセンター以外に持たない通信販売事業者はもちろん、製造業であっても、支店や営業所を持つ流通業や金融機関でも、同様だ。サービスプロセスが期待通り機能しているかどうかは、顧客の声から把握できる。

顧客に支持され続けない限り、企業の成長はあり得ない。商品やサービスが溢れ、「顧客が選択する」時代になった今、選択権を持つ顧客の財布のひもを緩め、継続的に取り引きしてもらえる関係作りが欠かせない。「顧客は大事」と頭では理解しながらも、十把一絡げに「顧客」と括って対応していては、本当に顧客の真の期待を理解することはできない。顧客にとっては、他の誰でもない「自分」であり、パーソナライズされた対応でなければ、「理解されている」「大事にされている」とは思わない。「この企業と長い付き合いをしたい」と積極的には考えないはずだ。十人十色の顧客との関係作りは、ますます複雑かつ専門スキルを要求される時代になった。そこには徹底的にサービスの一貫性を保証する「経営哲学」が必要だ。

1　最高顧客責任者「ＣＣＯ」の役割

企業経営を支える7人の侍。ＣＥＯ、ＣＯＯ、ＣＦＯ、ＣＴＯ、ＣＩＯ、ＣＭＯ(注)の6人に続いて、7番目の最高責任者は「ＣＣＯ」であってほしい。ＣＣＯとはChief Customer Officer、いわゆる「最高顧客責任者」だ。「新規の顧客を獲得すると同時に、既存顧客のロイヤルティを高めて顧客の平均購買単価や購買頻度を上げ、企業の安定的な成長を促す」という顧客応対戦略を立案・実現する役割を担っている。

現状の顧客は長期的な利用者なのか、既存顧客を維持できておらず新規顧客と入れ替わり続けているのかという実情の把握なくして事業戦略を立てることはできない。「どのような層が自社の主な顧客なのか」「維持すべき顧客層はどこか」「今後対象とすべき顧客層はどこか」という分析に裏打ちされた顧客応対戦略がなければ、マーケティングも商品開発も、それを支えるシステムも意味をなさない。ＣＣＯは、顧客の期待を把握し、最大限に顧客満足を与えることで顧客のロイヤルティを育み、継続利用を促すための施策を考える。顧客の行動を把握し、予測し、適切な応対を行い、確実に新規顧客を取り込むという、専門性が要求されるポジションだ。

注：ＣＥＯ：Chief Executive Officer 最高経営責任者、ＣＯＯ：Chief Operating Officer 最高運営責任者、ＣＦＯ：Chief Finance Officer 最高財務責任者、ＣＴＯ：Chief Technology Officer 最高技術責任者、ＣＩＯ：Chief Information Officer 最高情報責任者、ＣＭＯ：Chief Marketing Officer 最高マーケティング責任者

◆ある役員会でのＣＣＯの活躍

ＣＣＯは、他の責任者と同様に実務経験と顧客維持管理の専門的なスキル、知識が必要な職制だ。良い商品やサービスを作り展開すれば確実に業績を伸ばせる、という時代ではなくなった。単に商品を利用してもらうだけではなく、顧客接点全体で「企業を利用する価値」を感じてもらわなければ、顧客を引き止めることはできない。それを実現するには、顧客視点での検証が必須だ。

ある企業での実例を簡易な形に言い換えて紹介する。

次年度の事業計画を検討する取締役会の議論で、ＣＦＯは**図５・１**のグラフを元に、こう切り出した。

「前年に最も高い売り上げだったのは、Ａ社だ。したがってロイヤルティが高いのはＡ社だから、次年度も引き続きＡ社を中心に営業方針を策定するように」

これに対して、ＣＭＯが顧客調査の結果である**図５・２**を提示し、Ｃ社とＤ社の購買力に着目して、「この２社を重点顧客とした販促計画を立てるべきだ」と主張した。潜在的な売上

図 5・1　さて、どの会社が大事なお客様？

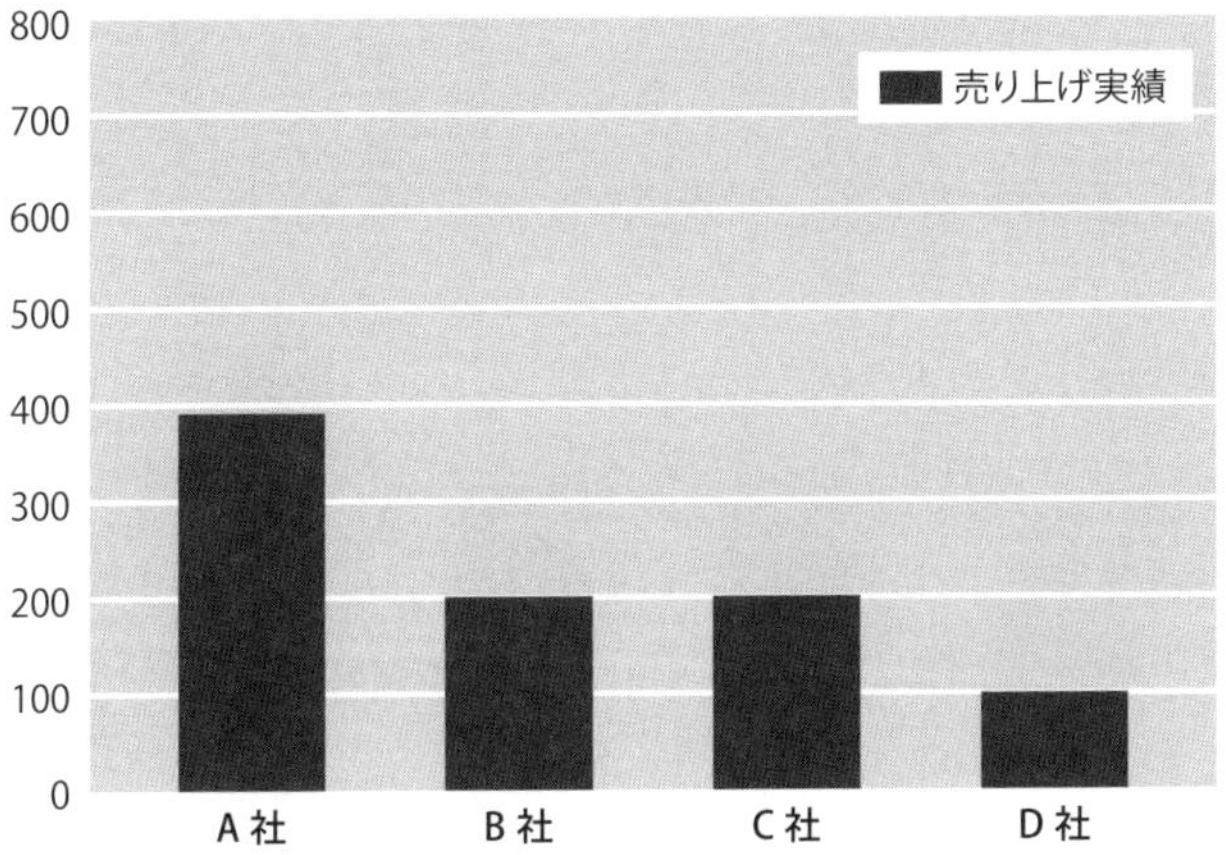

図 5・2　この場合は、どの会社が大事なお客様？

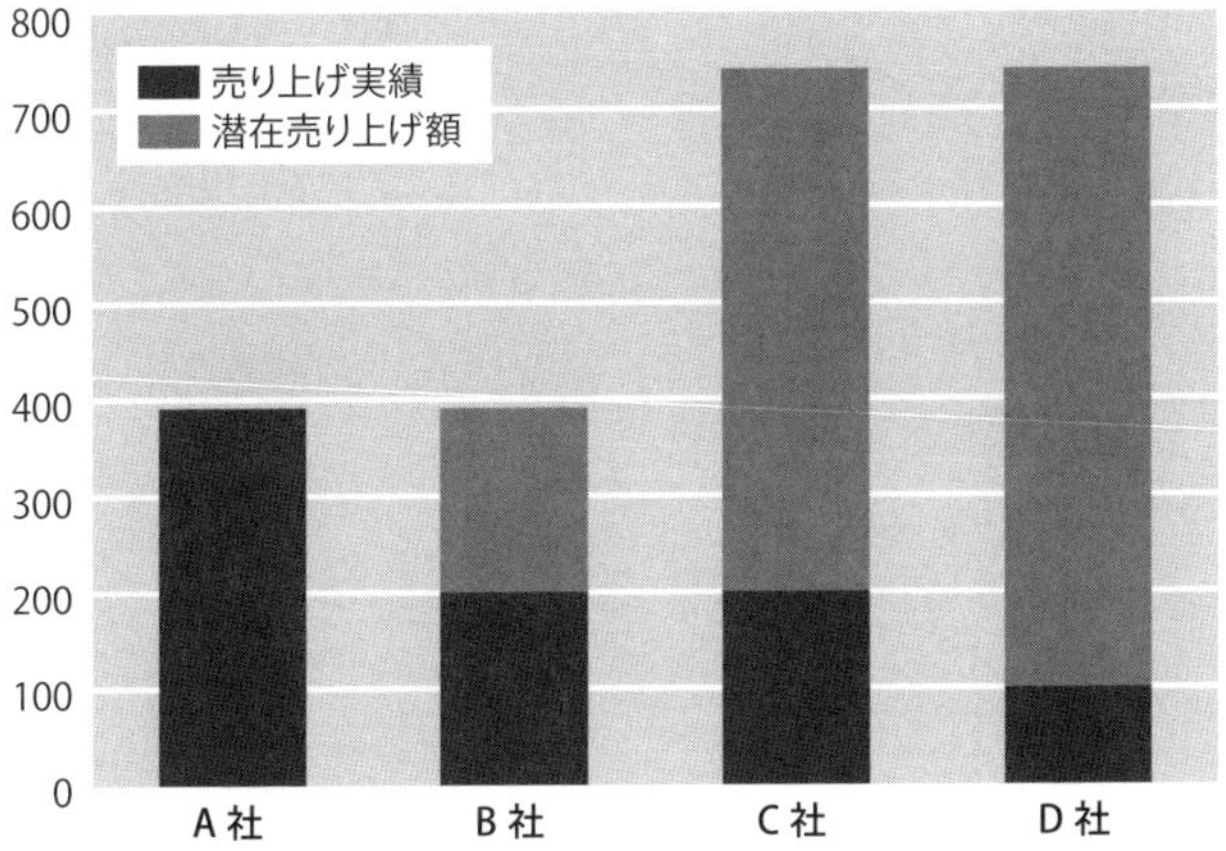

額とはその企業の購買余力のことで、他社から同様の商品を買っている購入額だ。他社からの購買分を当社に切り替えてもらえば、売り上げを増やすことができる。

ＣＣＯのいないこの企業の役員会での議論は平行線をたどり、翌週に改めて出席役員が各自検討結果を持ち寄ることで散会した。

翌週ＣＦＯが提示した顧客ごとの事業原価が**図5・3**である。売り上げから直接原価を引いた粗利益はＢ社が最も多く、売上額の多いＡ社よりも自社への貢献度は高いことが明らかになった。そこで、ＣＦＯは「売上額の大きいＡ社よりＢ社を重点顧客として扱うべきだ」と前言を翻した。

同時にＣＦＯが提示した**図5・4**では、

図 5・3　この場合は、どの会社が大事なお客様？

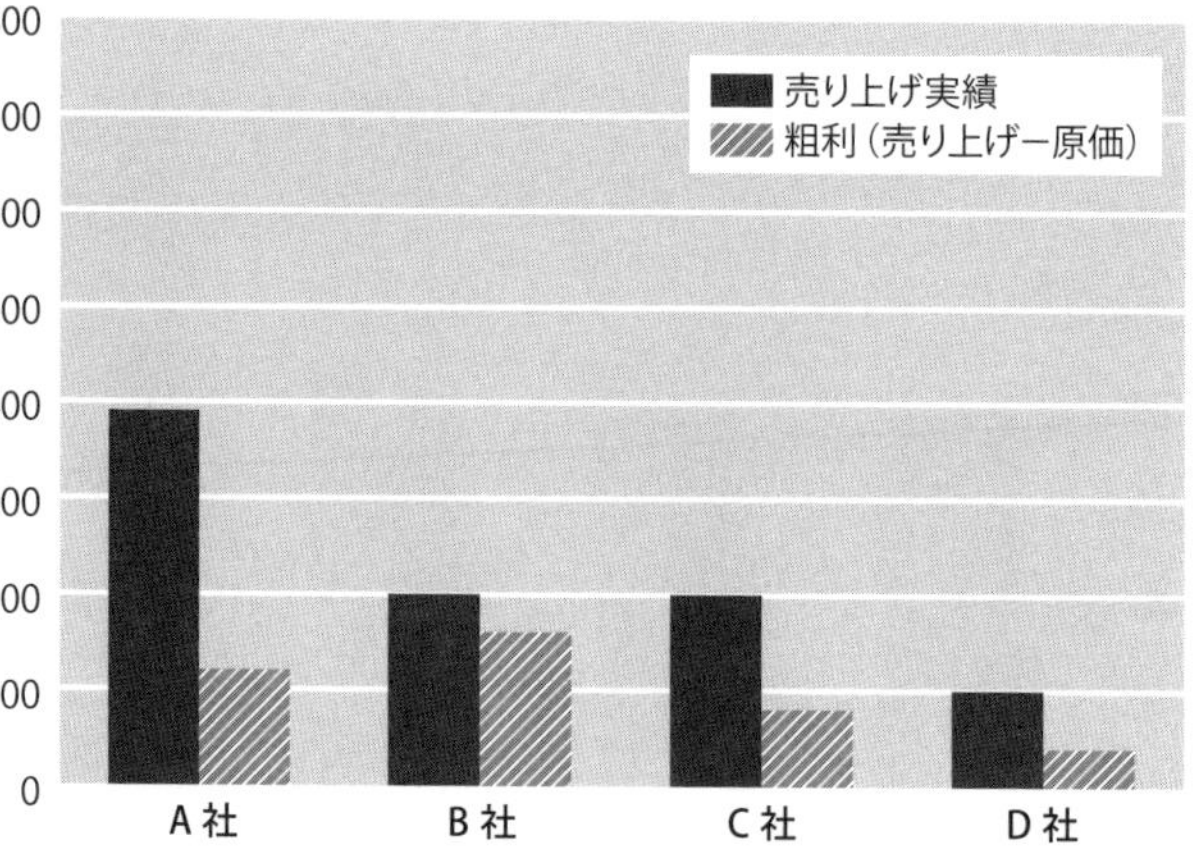

Ｄ社は売上額も少なく、純利益も原価割れしていることが明らかになり、Ｂ社を中心にＡ社を重点戦略の候補とした営業計画を考えることが自然に思えた。

しかし、ＣＭＯは潜在的な売上額に対して、予測される潜在純利（損）益を**図５・５**のように提示した。昨年度の原価構造を適用すると、計算上の粗利益の順序は、Ｄ社・Ｃ社・Ｂ社・Ａ社の順となる。この図を見ると、やはりＤ社とＣ社を中心に営業戦略を立てなければ成長が望めないように見える。

そこに傍聴者として参加していたコールセンター担当責任者が**図５・６**を提示して発言した。

「過去の購買状況からはＣ社とＤ社の潜

図 5・4　この場合は、どの会社が大事なお客様？

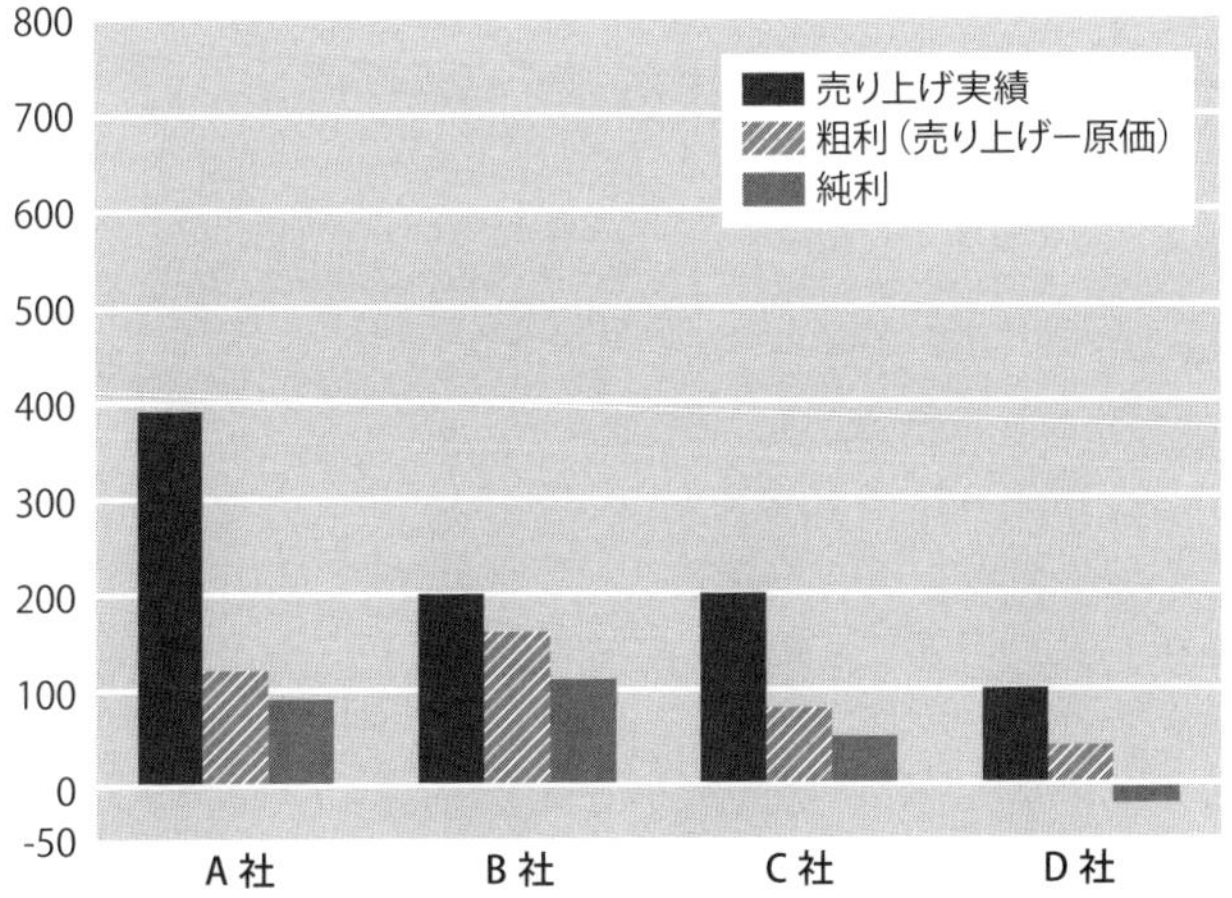

在購買力が高いように見えます。ですが、直近3カ月の顧客満足度調査で、最も低い満足度だったのはD社でした。不満の理由には、納期や品質、サポートサービスなど多くの点が挙がっていたことから、D社の期待値はかなり高いことが想定されます。現状のサービスで、D社との取り引きを継続するのは難しいことが想定されます。

なお、満足度が2番目に高く、潜在購買力が高いのはC社です。同社との取り引きに注力すると売り上げと収益、双方の向上に直結することが予測されます。A社は利用している製品の大半を当社のものから選んでいます。ロイヤルティが高いと判断されるので、同社に対しては原価構造を改善する努力をすべきです」

図 5・5　この場合は、どの会社が大事なお客様？

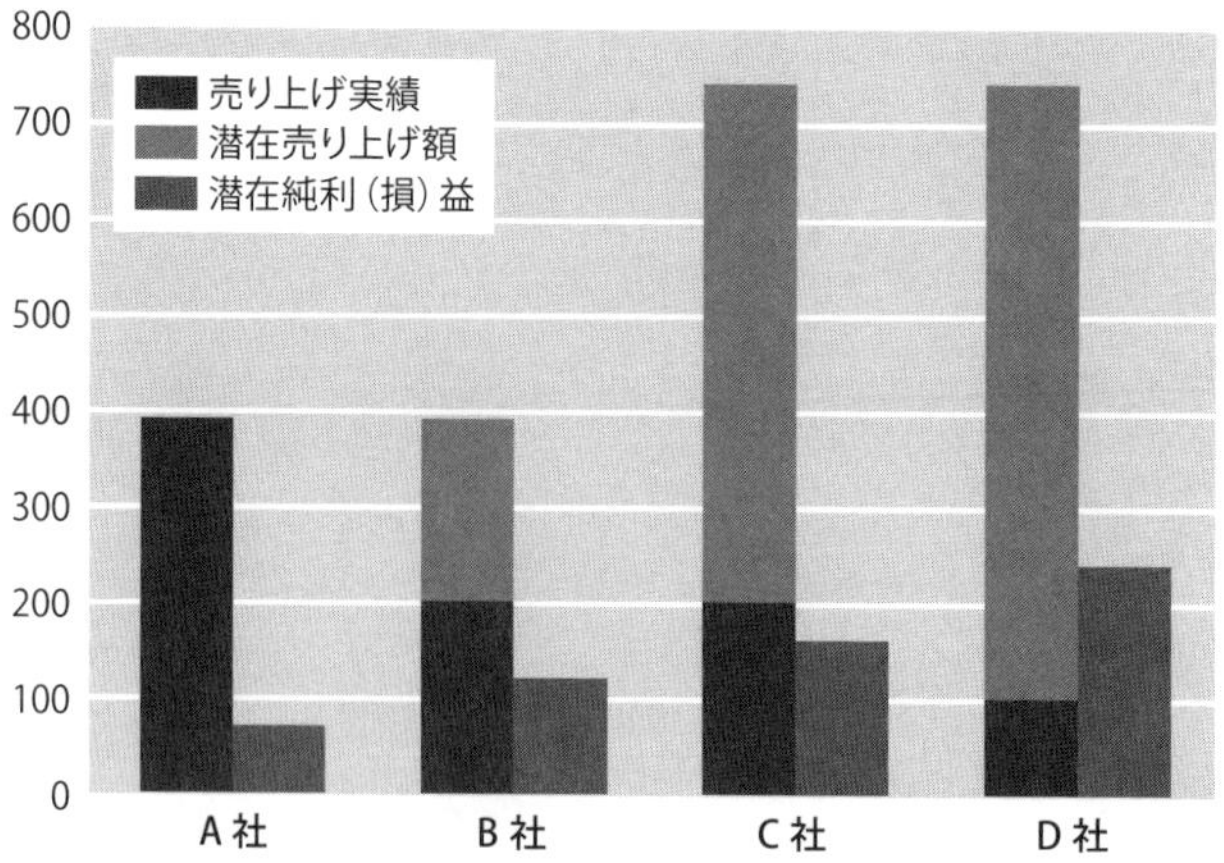

「現実的かつ合理的」と評され、出席した責任者たちは全員納得し、重点戦略としてＣ社の購買額倍増を前提に事業全体の原価構造の見直しをすることになった。

このように、コールセンターは、顧客からのさまざまな要望を受ける窓口であるだけに、顧客のリアルな満足度も把握できる。すべての顧客の期待値を知ることができると同時に、それぞれの顧客にかけているサービスのコストも把握できる。

永続的なビジネスを続けるためにはどの顧客に何をすればよいかを肌感覚で熟知している。

この例では、Ｂ社は原価率が低く収益性が高いものの、満足度は決して高くない。原因を調査し、Ｂ社の要求に対応できると想

図 5・6　この場合は、どの会社が大事なお客様？

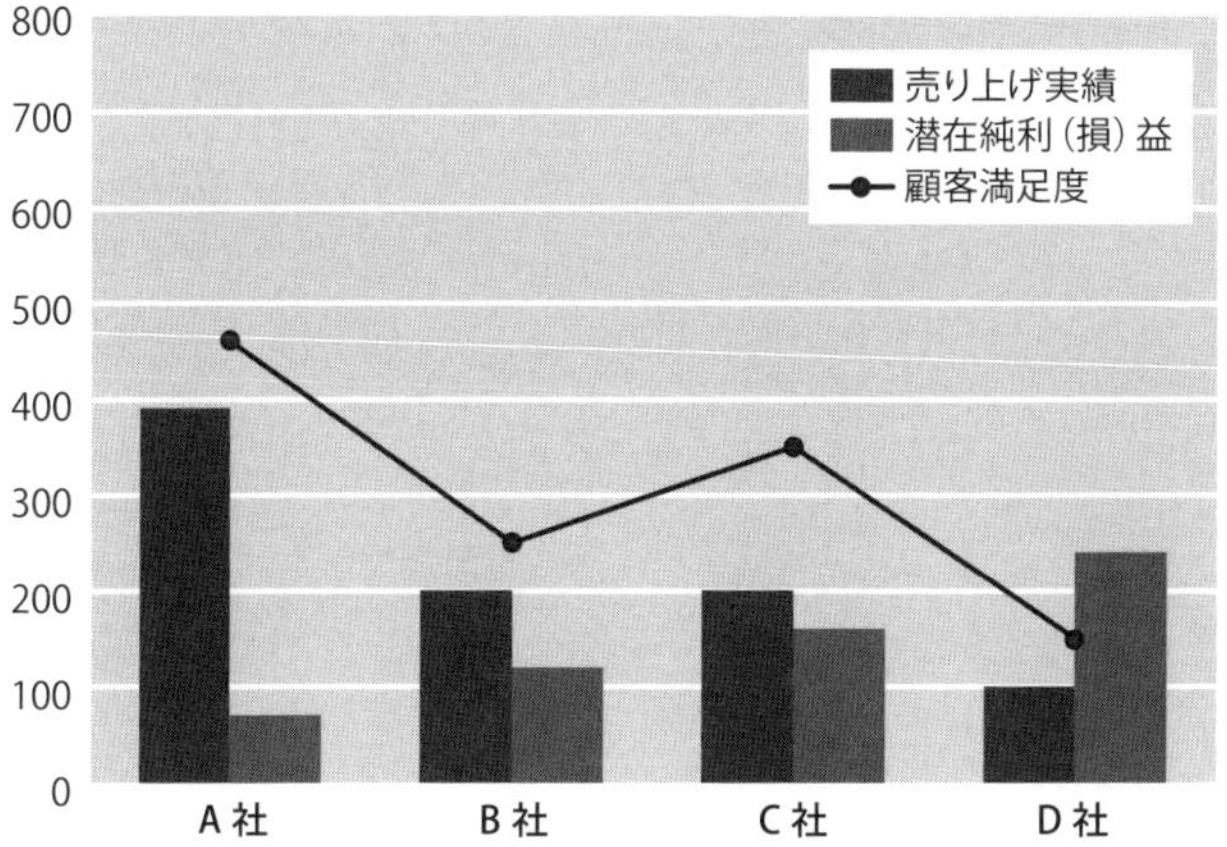

定できれば、他社製品から切り替えてもらうよう促すことで、A社を上回る売り上げとなる可能性もある。

顧客応対の最前線であるコールセンターでは、このように個々の取引先との関係を数字で明確に把握して、注力すべき顧客を判断することもできる。コールセンターは、戦略的な顧客対応を判断できる視点を持つ組織だ。CCOは、その組織から得られる情報を「顧客情報」ではなく、「個客情報」と捉えてデータを分析して判断の材料とする。高い情報リテラシーと全顧客動向から見た企業戦略を立案できるスキルが求められる。

◆CCOが果たすべき役割

CCOのミッションは、顧客のロイヤルティを維持・拡大することにある。そのためには、「企業内でのCCOに対する理解がある」という前提が必要だ。また、一般的には次のことが必要とされる。

- 顧客対応を集約的に行う「コールセンター」を管掌する
- 企業戦略に沿った、「顧客対応ポリシー」の決定責任者となる
- 顧客と企業の接点となるCMやWebサイト、案内はがき、郵送物、配布資料、商品マニュアルなど顧客の目に触れるものすべての「コンテンツ監修」に関与する

●顧客との応対内容を分析すると同時に「顧客の声」を情報として社内に迅速に伝達する

つまり、顧客の代弁者でありながら、企業戦略との調整を行う「戦略家」として機能しなければならない。企業は顧客のロイヤルティなしには発展せず、それを育む努力を専任のトップが行うことによって、健全かつ確実な成果を生むことができる。

今まで存在しなかったＣＣＯが機能しはじめると、より戦略的に正しく精度の高い事業計画の立案と実行が可能になるはずだ。顧客の期待を理解していれば、成り行きまかせの運営ではなく、客観的なデータに基づいた戦略の実践と計数管理によって無理・無駄のない経営ができる。併せて、ＣＣＯを設置すること自体が、「顧客と共に発展する姿勢」を顧客にアピールすることになるはずだ。「ＣＣＯがいなかった時代の判断は原始的だったよね」という認識が広まる時代もそう遠くないかもしれない。

もちろん、先の例のようにコールセンターの責任者が取締役会に「顧客側代表」として出席し、意見を言える環境がある場合や、企業戦略を顧客視点で点検しながら軌道修正できる立場の役員がいるならば、ＣＣＯと同等の役割を担うことができる。つまり、顧客戦略を実践できるリーダーが存在することが重要で、ポジションや名称にこだわるわけではない。

2　リーダーが知るべきサービスプロセス構築のポイント

顧客視点のサービスプロセスを、どのような信条に基づいて構築していけばよいのだろうか。リーダーが備えておくべきポイントのひとつが「品質優先による改善」だ。

顧客にサービスを提供するプロセスが適切に機能していれば、顧客が疑問や不快を抱えるシーンも少ないはずだ。したがって、企業への問い合わせ件数は少なく、顧客は納得した上で商品やサービスを使い続けることができる。したがって、企業がサービスのプロセス自体を「商品」と捉えて最適化することは、より効果的な取り組みといえる。

そうであるにも関わらず、目前の入電量を「こなす」ことに注力してしまい、一件あたりの対応時間を短縮するなどの効率化を品質より優先するというワナに陥ってしまいがちだ。

近視眼的に1時間単位のKPIなどの運用指標のみを重視する運用をしてしまえばどのような結果を招くのか。つながりやすいコールセンターの目安となる応答率（放棄呼率）を例に解説する。

応答率は、「総入電量に対してどれだけオペレータが応対できたか」を数値で測る指標だ。これに偏重してしまえば、応答率の低下を怖れて、「コールを取りこぼさない」ことのみに注力してしまう。「電話を取る」ことだけに集中してしまうと、会話の内容が疎かになり、会話後の入力業務を後回しにしてしまう。本来、マネジメントの役割を果たさないといけないスーパーバイザーまで動員して電話を取りはじめると、必要なときにオペレータがサポートしてもらえなくなり、センター全体の対応品質はさらに低下する。

顧客は要件があるから電話をかけている。「つながりやすいセンター」を目指すことは必要なことではあるが、それだけで十分とはいえない。オペレータが対話をして顧客が満足できることが必須条件だ。したがって、「つながりやすさ偏重」の運用は品質悪化に直結する。本来、電話がつながった後の品質が素晴らしいほうが顧客評価は高い。

「品質が最優先。効率は後からついてくる」ものだ。この順序は重要だ。また、同時に両立することを求めてはならない。コールセンターの運営には優先順位がある。

事例 品質優先で成果を出したSBI証券

SBI証券では、2005年から2年間で口座数が2・6倍、入電数は3・5倍となり、オペレータひとりあたりの応対件数が一日120件を超えた。増加するコールに追いつかず、増え続ける放棄呼と繁忙さからミスの発生にも悩まされていた。「顧客を待たせないように」というミッションを最優先にした結果、聞かれた以上のことは伝えず、強気で一方的な応対で電話を取り切ることに懸命になっていた。だが、納得できていなかった顧客からの再入電が増え、顧客の不満とサイレントクレーマーが増加。センター内は笑顔のない状態となり、オペレータのモチベーションは低下し、離職率も高まっていた。

センターは慢性疲労の状態だったが、マネジメントは「顧客が困って電話して問題を解決できない状態」や「問題解決はできても不満な感情を持たせてしまう対応」が企業にもたらす影響を見直した。「コールセンターの本来のミッションは何か」「何のためにコールセンターはあるのか」という基本に立ち戻って自問自答し、まずは効率性を一度あきらめて、品質指標のみでセンターを運用する方針に切り替えた。具体的には、最重要指標を「ありがとう率」に絞り込んだ。効率指標を捨てたのだ。顧客からの「ありがとう」という言葉は数値取得が可能で継続性がある。オペレータにとってもやりがいと達成感を感じられる言葉であることなどから、この指標に絞り込んで運用をはじめた。

単なる「課された数値」ではなく、オペレータのモチベーションに直結する指標ができたことで、センター内では、仲間とともに学び、考え、達成する「共創」文化を醸成できた。自発的に学び、真摯に顧客に向き合う文化ができて「ありがとう率」の数値は２００８年から２０１０年で3倍に達し、顧客の「ありがとう」とオペレータの「笑顔」があふれるセンターに変貌を遂げた。この間、徹底的に品質指標を追い続けた結果、不満足コールは著しく減少し、処理時間も指標設定前の状態を維持。効率を求めてはじめた取り組みではなかったが、結果的により効率的な運用が実現できた。この成果は現在でも続いており、外部機関の第三者評価でも最高評価を獲得し続けている。

品質が良いか悪いかは、顧客が決める。顧客離反を防ぐには、品質の確保が不可欠であることをこの事例は証明している。

効率指標ではなく、品質指標のみに集中した信念とその実行力は、その企業の運用哲学から生まれる。哲学がなければ、こうした舵取りはできない。

3　顧客の不満解決による経営貢献を実現する

企業が、顧客の望む商品を提供し、すべての顧客が満足すれば顧客からのコールは減少する。最適なサービスプロセスは、顧客からの苦情や問い合わせがなく「顧客サービスの必要がない」という状況だ。これを企業戦略の理想と捉えて「ベストサービスはノーサービス」という。

これを目指したとしても、現実に顧客のコールが無くなりはしないが、その理想に近づけるための努力は続ける必要がある。呼量が減っても、顧客が問い合わせをしてくる内容と真摯に向き合い、不満足要素を取り除く努力を続けることはコールセンターの義務である。

業種やセンターの規模を問わず、問い合わせで把握した顧客の「声」をサービスに反映した企業は少なくない。

例えば、ネット通販ビジネスでは、「毎回、配送先や決済手段を入力するのが面倒」「できるだけ簡単に注文を完結したい」という顧客の要望に対し、1回のクリックで完結する注文方式を採用した企業もある。「お気に入りのマンガが発売されたらすぐに読みたい」という顧客の声から、作家やタイトルを登録しておけば発売情報などをメルマガなどで配信するサービスを提供しはじめた企業もある。

「結婚式や出産祝いの贈り物で、すでに持っているものが贈られてくることが多い」という声には、「欲しいものリスト」機能を提供している事例もある。これは、友人・知人らが、相手の欲しいものを共有して同じものを重複して購入しないようにする機能だ。

商品名ではなく、「このような商品が欲しい」という漠然とした要望にも、商品を提案している企業もある。顧客の不平不満に耳を傾けることは、単なる不満解消だけでなく、顧客の新規獲得やリピーター醸成にも直結する。

不平不満は、見方を変えれば現象としての「ヒヤリハット(重大な事故ではないがその一歩手前の事例）」だ。労働現場における災害の発生の法則として有名な「ハインリッヒの法則」では、「重大事故につながる可能性のあるニアミスが29件あると、ヒヤリハットは300件観測できる」とされている。早期段階で根本原因を掘り下げて調査し、問題の解消を図ることが、トラブルを回避するための予防策となる。ネガティブな要素をチャンスと捉えてこそ、より適切なプロセスが構築できる。

不満足が減るほどリピーター顧客が増えて、再購買率は高まる。ロイヤルティが醸成され、ライフタイムバリューが高まる。顧客満足度やNPSが向上し、業績に寄与する。このような経営信条をもとに運営されるコールセンターは、徐々に経営への貢献度を高めていくはずだ。

4　全員経営

コールセンターは組織だ。一人の傑出したマネージャーやオペレータがいたとしても、組織全体の能力が高まらなければサービスプロセス全体が上手く機能しない。

事例 全員がリーダーシップを発揮するディー・エイチ・エル・ジャパン

国際宅配便を扱うディー・エイチ・エル・ジャパンは、全世界で「フォーカス戦略」というサービスプロセス改善の成功ストーリーを公開している。これは、「人材の育成に注力する」という戦略だ。「やる気のある人材が揃ってこそ、優れたサービス品質が提供でき、その結果ロイヤルティの高い顧客が増え、収益性の高いネットワークが構築できる」というストーリーに基づいたものだ。

この前提にあるのが、「企業の持続的成長には情緒面でのつながりが不可欠」という考えだ。顧客ロイヤルティは、従業員の熱意・行動によって生み出される。そのような従業員は、優れたリーダーによって育てられる。すべての構成要員が高いモチベーションを持ち、自律的に行動することで、サービスプロセスを機能させていく。もちろん、コールセンターのオペレータも戦略を実現する担い手だ。

定期的に実施されている社員意識調査では、オペレータは「上司は私に何を期待しているかを明確に説明してくれている」「フィードバックは具体的であり、どのように私のパフォーマンスを維持・向上していくべきかを理解している」「私の成果を支援し、応援してくれる」「約束を守る」「敬意を持って接してくれる」などの質問に対して著しく高い評価をしている。結果、自律的な行動を期待されるオペレータの意識は高く、リーダーシップが形成されたオペレータによる顧客応対の満足度は高い結果を継続的に維持している。

同社では、言われたことに応える受け身対応ではなく、積極的に顧客の潜在ニーズに応える姿勢を重視している。オペレータが会社の代表として顧客に向き合うために不可欠なのが、ビジネスの意義や目的、カスタマーサービスのミッション、顧客の価値への理解だ。これを実現するにはチーム内での精神的なつながりが不可欠だ。そのため、同社ではコミュニケーションの頻度を高めている。

結果、すべてのスタッフが自分の役割と責任を明確に理解し、高いモチベーションで対応する文化が醸成できている。

メンバーの意識が高まることで、全員参加型の経営が実現できる。メンバー一人ひとりが、企業の成長に寄与するのだ。コールセンターのリーダーは、「ひとりの意識の重要性」を理解しなければならない。

5　リーダーの資質　10カ条

ＣＣＯという役職が、企業内にあるかどうかは別に、その役割自体は、顧客応対の組織を運用する企業には不可欠だ。執行役が、企業戦略を明快に理解しているのは当然だが、経営に関する感性、いわゆるセンス・オブ・オーナーシップは磨かなければならない。

日本画壇の巨匠、奥村土牛氏が生前、「素晴らしい絵とはどういうものか」という質問に答えていた。それは、「シンプルであること」「ダイナミックであること」「ビューティフルであること」の３つだった。

これはそのまま経営に当てはめることができる。提供する商品やサービスが、わかりやすくてシンプルであること、商品やビジネスモデルに他社の追随を許さぬ独自性を感じさせるダイナミックさをもっていること、「なるほど」と思わせる美しさが感じられる企業の商品やスタイルを作り上げるということである。課題や環境に向き合い、１００回も２００回も塗り直したといわれる土牛氏の作品制作の姿勢のように、経営に向き合う中で研ぎ澄まされる感性があるはずだ。

そこには揺るぎない信念が必要だ。成長する企業、永続性のある一貫したサービスプロセスを展開するために、顧客の視点でプロセスを俯瞰するセンスと信念を持って経営に対峙する姿勢が求められる。

感性を磨き組織を設計するリーダーの10カ条を以下に列挙する。

第1条 リーダーはサイエンスの姿勢を持つ

リーダーには情緒的ではない論理的思考が必要だ。コールセンターの生産性や品質の管理は、組織としての数値化された目標がなくてはならない。

コールセンター運営に欠かせない4つの要素が**図5・7**である。このうち最も重要なのが「サイエンス」だ。設計されたサービスプロセスに基づいて、コール予測を行い、必要なスキルを持ったオペレータをどの時間帯に何名配置するかを計画する。その上で休憩や研修などの非応対時間を加味してオペレータのシフト計画

図5・7　コールセンター運営に必要な4つの要素

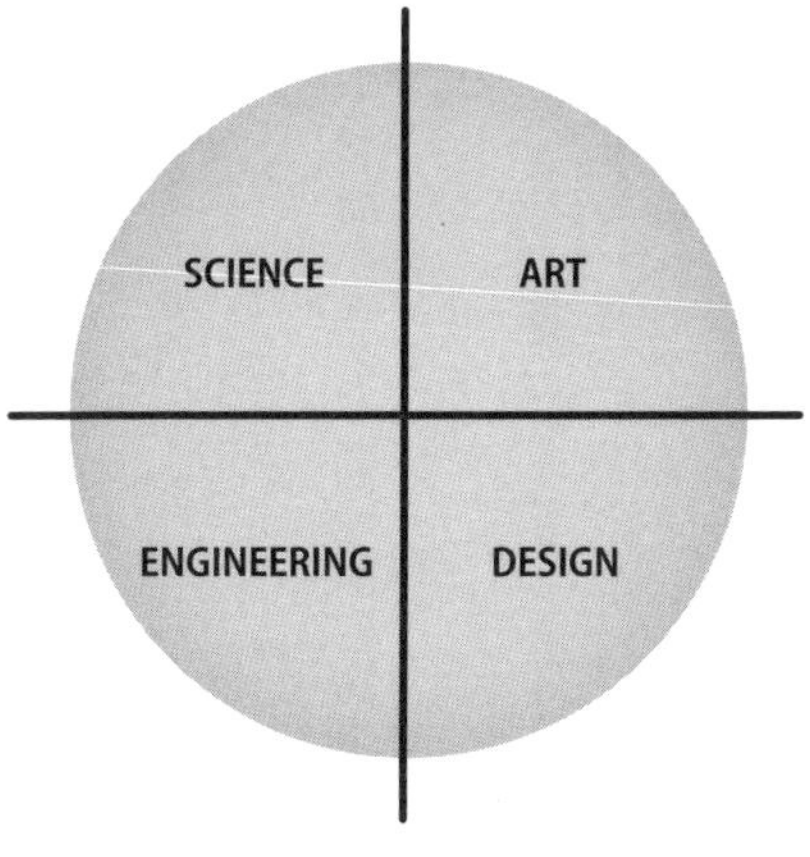

を作成する。日々のコールの計画と実態との差異に注視して要員配置を調整する。即時対応を要求されないメールやアウトバウンドなどの業務量も把握した上で、インバウンド業務を安定的に稼働するには、すべて工場の生産管理と同様の〝サイエンス〟の観点が不可欠である。

運用の実態は、すべて数値で捉えることができる。ここに情緒的な要素が入り込む余地はない。

何をすればどのような影響があるかという因果関係は、数値で判断できる。論理的に物事を捉えること、情報リテラシーが高くなければマネジメントはできない。

コールセンターで運用実態を把握する数値は、交換機やＩＶＲ、通話録音装置、ＣＴＩ、ＣＲＭのアプリケーションなどさまざまなデータソースから抽出される。それらのうち、どの数値を指標化するか、どのようなレポートで追跡するかという判断は専門的な分析スキルが必要となる。目的は、データを取りまとめることではない。実態から課題を発見し、その根本原因を追求することだ。そのためのセンスと論理性が求められる。

リーダー自身がサイエンティストである必要はないが、組織として情報処理を適切に行う能力を持っていることが不可欠である。常にデータから何かを発見しようとする好奇心と、他社の真似ではなく自社の実態数値を基にした原因追求と改善プロセスを考える論理性を持ってセンターを運用する必要がある。

第2条 リーダーは顧客の目線で物事を俯瞰する

企業が計画するサービス提供方針を顧客がどのように解釈するか、あるいは反応するかを考えられるのが豊富な顧客対応経験を持ち顧客の目線を持っているコールセンターの特徴だ。

新たなサービスが既存の顧客に「一貫性がない」と受け取られる場合は、サービス提供方針の見直しの提言が必要だ。商品のパッケージや効能表示、案内チラシやパンフレット、カタログに加えてＷｅｂやＴＶコマーシャルに至るまで、顧客の目に触れる情報はすべてコールセンターが検閲すべきであり、変更・修正する権限を持っていることが理想的だ。

花王は、洗剤、トイレタリー用品、化粧品、食品など１０００を越える商品を製造している。商品数の多さもあり、同社の生活者コミュニケーションセンター消費者相談室には、年間十数万件を超える顧客の問い合わせが入ってくるという。問い合わせ内容は、すべて「エコーシステム」という同社の情報記録・検索システムに蓄積されており、そこから潜在的な顧客の要望や自社の課題を抽出している。

これらの情報は、新商品の開発はもちろん、既存商品の機能や性能、デザインや使い勝手、表示形態など至るところで活用している。また、同社では、試作品を制作した段階で、消費者相談室の検閲を受けることが社内制度化されている。あらゆるプロセスで顧客の声が反映される仕組みが顧客の心をつかむ製品やサービスへとつながるのである。

このように、顧客志向の文化がメカニズムになるような社内プロセスを作ることが理想的だ。顧客層の変化や顧客心理と期待値の変化に目を配り、自らが一顧客として社内各部署にメッセージを届け、サービスプロセスを構築することがリーダーに求められる条件だ。顧客目線で第三者的に社内プロセスに目を光らせるには、「顧客視点」を貫く信念が必要だ。

第3条 リーダーには定めた戦略を貫く姿勢が必要

企業には戦略がある。その企業独自の製品やサービスを提供し、顧客を獲得することである。ここに、高級感、美味、限定、安価などさまざまな〝価値〟を加えて他社との差別化を図る。だが、その価値を保つには、「戦略を貫く姿勢」が不可欠だ。

事例 「道内限定」戦略を貫くロイズコンフェクト

生チョコレートで有名な北海道のロイズコンフェクトは、札幌を中心として道内に12店舗を展開している。１９８３年創業の同社の企業戦略は「道内以外には店舗を設けない」ことだ。厳選された素材とオリジナリティある菓子製造に集中し、北海道の販売店のみで製品を提供している。菓子箱には商品カタログが同封されており、新商品や人気商品が掲載されている。顧客が「次はこれを食べたい」「この詰め合わせを贈り物にしよう」と考えるきっかけを提供している。

同社の通信販売に対応するコールセンターは8時から22時まで営業しており、10名のオペレータが年間約10億円の電話受注を受けている。自社サイトでのインターネット通販をはじめてからは、セルフサービスでも注文ができるようになった。会員登録をすると、季節商品の案内はがきやカタログがメールや郵送で届く。「北海道でしか買えない」ということは、顧客の大半は「北海道への旅行者」か「お土産をもらった顧客」「デパートなどの展示会での購入者」だ。「どこでも買えるからまたそのうち機会があれば買おう」とはならず、「どうしても欲しい」という意欲を刺激する。「いつでも買えないので、買えるときに沢山買っておこう」という気にもなる。「売れるから全国展開を」という方針に変えると、「レア感」は薄まる可能性もある。道内限定というビジネス戦略は、「思い出」と紐づけるための企業戦略そのものといえる。

通信販売のサービスプロセスは、企業戦略に合致する。商品の販売数や問い合わせ内容、注文のコール数を予測し、品質の良い応対ができるオペレータを育てて配置する。受注センター、商品問い合わせのセンター、オンラインショッピングへの誘導を行うセンターは、それぞれ機能しながら企業に貢献していく。

当面の運用を対症療法的に実施する「戦術思考」ではなく、企業戦略に沿って目標に向かって突き進む経営的センスとダイナミックな戦略思考がセンターの運用には必要だ。

第4条 リーダーは一般消費者の倫理観で物事を考える

スーパーで惣菜を購入して帰宅し、よく見ると賞味期限が切れていることに気がついた。すぐに、パッケージに書かれていた惣菜製造企業の顧客相談室に電話をかけ、「賞味期限切れ商品がスーパーの棚に並んでいた」と告げた。オペレータの対応が「お電話ありがとうございました。せっかくお電話を頂きましたが、スーパーに出荷した後の商品の状態については責任の範囲外です。スーパーの方にお話いただけますか」というものであったなら、顧客はどのように感じるだろうか。確かに回答の内容としては「正解」かもしれないが、「何のためにわざわざ電話しているかを理解しているのだろうか」「賞味期限切れを放置する企業の姿勢はいかがなものか」といぶかり、怒りを感じるはずだ。

惣菜を購入する顧客は、その商品が自分の生活を楽しませること、美味しいこと、栄養があることなどを期待している。たとえ流通経路での問題を提起した問い合わせでも、まずは感謝の気持ちを伝えるべきではないだろうか。その上で、早急に適正な措置を取ることを伝えるのでなければ、顧客はその企業への信頼を維持できない。

このように企業の倫理感と消費者の常識や倫理感にはズレがあることは少なくない。コールセンターのリーダーは、企業の社内力学や決定事項に対して常に一般常識の観点から評価することが必要だ。自社の商品やサービスだけではなく、すべてのバリューチェーンに注意する必要がある。サービスプロセスの一貫性を保証することで、初めて顧客との信頼関係を築くことができる。

企業倫理と世間常識のギャップを埋めるのが、リーダーの仕事だ。

第5条　リーダーはコミュニケーションの〝力〟を知っている

コールセンターは、本来、新たな施策を検討する商品開発やマーケティング、あるいは物流や経理に至るまで、他部署からの相談が絶えないのが「顧客情報集約拠点」だ。企業の中で最も顧客との接点が多く、顧客視点で計画を検証できる組織であるがゆえに、経営や他部署に有益な情報を提供できる部門である。経営や他部署で決定された内容を、そのまま実行するだけの組織であってはならない。社内組織のコミュニケーション・ハブとして機能しなければ、センターが持つポテンシャルを活かすことはできない。

貴重な情報を社内へ還流する組織となるためには、日頃からコールセンターのリーダーが公式・非公式問わず他部署のマネジメント層との信頼関係を築いておく必要がある。その上で、顧客の声を伝えてこそ、重要性を理解してもらえる。

また、マネジメント層同士のコミュニケーションだけではなく、センター内外のスタッフ間のコミュニケーションも重要だ。センターの人材や情報への信頼感がなければ、他部署から相談されることはない。現場のスタッフも他部署と交流する機会を持ち、外部に情報を伝えるスキルを磨いておく必要がある。営業部門や商品、物流、マーケティング、経理財務、法務などの組織は、それぞれ専門能力を持っている。専門用語や部門の慣習、独自性があり、目的意識も強い。それぞれの部門とコミュニケーションをするには、センター側でもそれらの専門用語をわかりやすい言葉で伝えるスタッフの育成が必要だ。

それぞれの部門ごとに担当要員を配置するのが難しいのであれば、社内インターンシップや交換留学を行い、社内新人研修をコールセンターで請け負うなどして、コールセンターのことを理解している人材を社内に増やす工夫が有効だ。コールセンターでは、顧客と非対面でコミュニケーションをするスキルが身につけられる。電話やメールで用件を的確に伝え、コミュニケーションをとるスキルを活かし、高い頻度で良好な社内コミュニケーションを行えるよう成長するはずだ。

顧客情報の集積場所としてのコールセンターは通常、一対一で顧客対応を行っている。だが、社内のコミュニケーションは、一対 n で行われることが多いため、表現力を磨き、調査や分析力を高める努力も必要だ。オフィス系の表計算や文書・プレゼンテーション作成ツールで、わかりやすいグラフやチャートを作成する経験も積ませるといい。

また、日常業務では、一対一の非対面コミュニケーションに時間を費やすオペレータだが、他のスタッフとの会話がないという状況ではモチベーション低下にもつながりかねない。コミュニケーションは、オペレータ間でも必要だ。

第6条　リーダーにはスマイルＤＮＡが備わっている

コールセンターの日常は、「例外事項」の発生やトラブルという刺激に富んでいる。顧客と会話をしないマネジメント層であっても、仕事は山積みだ。計画の修正、実績報告、課題解決のための原因追求と改善計画の立案、他部署とのサービスプロセス実現に向けた会議や資料作成。採用・教育への関与、プロジェクトの進捗管理など、身体を休める暇はない。

このような生活の中でも持っていなければならないのが、「スマイルＤＮＡ」だ。顧客に満足してもらう対応を実現するには、オペレータが執務環境に満足している必要がある。執務環境のベースとなるのが「職場の明るさ」だ。皆と達成感を共有して喜びあい、わくわくするような楽しい雰囲気が職場を活性化させる源となる。そこにはリーダーのスマイルが不可欠だ。コールセンターの中で、リーダーは眉間にしわ寄せて難しい顔をしていてはならない。常にポジティブで、プラス思考で物事を考え、周囲を明るくするような雰囲気をつくるべきだ。目が合えば誰とでも挨拶し、何かひと言ほめることを意識すればスマイルは自然と身につく。

スマイルは伝染する。リーダーのスマイルはサポートスタッフに、スーパーバイザーに広がり、オペレータにも波及する。

顧客対応の難易度に関わらず、非対面の業務においてすべてのオペレータにもスマイルDNAは持っておくべき資質だ。顧客とのコミュニケーションを楽しむ素養の有無は大いに品質に影響する。採用時点でこれに着目して見極めることが重要だ。

日々の運用では、さまざまな課題や困難な対応があると、スマイルDNAは消失の危機を迎える。DNAが無くなってしまわないように、常にコミュニケーションを育み、明るい環境を作る努力が必要だ。

第7条 リーダーはすべての人にリーダーシップを浸透させる

コールセンターは、平均的なスタッフが良好なサービスを提供できるように組織化しておくことが重要だ。特別なヒーローやスーパーオペレータへの依存ではなく、全員経営を信条に、構成員一人ひとりが自分のミッションを果たし、サービスプロセスやバリューチェーンの中にボトルネックを生じさせない組織づくりが求められる。

このような組織を運営するために、組織のマネジメント層は率先垂範の姿勢を示すことが重要だ。自分だけが与えられた仕事をこなせば良いのではなく、次のプロセスやチェーンに対して品質の良い仕事を渡すことができているかも気にかける必要がある。それは常にマネジメントが自分の仕事のやり方を通して示し続けるものである。

また、マネジメント層は「現場の失敗は自分の責任」「現場の成功は全員の成果」と認識しておく必要がある。ひとりで達成する仕事はない以上、チーム全体での努力とその結果の達成感を共有し、その過程でミスや問題があったとしても人を責めるのではなくプロセスの設計に注力する。ミスや過ちから学習し、それを繰り返さないプロセスづくりにこそ重きをおく。

リーダーシップはマネジメントだけが持つものではない。組織の構成要員、全員が周囲への働きかけを意識する対人影響力を高めることを主眼にしなければならない。一人ひとりが周囲を巻き込み、目的を達成するための最適なプロセスを設計し、自分の業務を全体最適のために再構成しながら貢献度と達成感を感じ続けることができる環境。自分の役割を理解し、実績を点検し、問題意識を持って日々の改善に努力する組織が出来上がってこそ自律的な組織として機能する。これがリーダーシップの本質だ。

全員が自分の業務に対してリーダーシップを発揮し、小さい課題に対してはチームメンバーによる協調と創意、大きな問題は上位マネジメント層、根源的なプロセスに起因する問題は他部署や経営層と課題解決する。これを実現する環境と、自発性を養うことが継続的に運営能力を維持する秘訣だ。

リーダーの業務は、そのようなリーダーシップを持つ人を育てることにある。目標を定め、全員が方向性を理解する。与えられた環境の中で役割を理解し、スキルを高める。お互いに認め、褒める。仕事の結果を検証する、改善すべき課題を発見する、意欲的に学習する、鼓舞し、喜び合うというサイクルを回すことで自律的組織を作る。究極的には、「自分がいなくても運用できる」組織を作ることが重要だ。

第8条 リーダーには強靭な体力が必要

顧客がいる限り、コールセンターは常に臨戦状態だ。コールセンターが営業をしていない夜間休日であっても、予期せぬサービスプロセス上の問題は起こる可能性がある。そのため、コールセンターのマネジメント層には、休日、深夜問わず緊急連絡が入る。「商品の在庫がなくなった」「経理システムのバグにより数時間決済できない」「天候不順により特定地域の配達が遅延する」など、「すべて計画通りに運用できる」という状況の方が珍しいはずだ。

また、コールセンターのマネジメント層は、部門内外のコミュニケーションに割く時間も多い。計画的に予定されている打ち合わせや会議、長期的なプロジェクトの進捗管理なども多く、時間管理と物理的な体力維持はマネジメントの必須要素ともいえる。複数拠点でセンターを運用している企業であれば、出張もある。その他、支店や工場への訪問時間も必要だ。外資系の企業であれば、親会社や他拠点とのタイムゾーンを超えたコミュニケーションが必要となり、時差にも対応しなければならない。

コールセンターを管理するには強靭な体力が必要とされる。日頃の節制と気持ちの切り替えや体力の維持はマネジメントの義務である。

第9条　リーダーはファイティングスピリッツで臨む

企業の一部門である以上、全体最適のための計画の見直しや軌道修正は発生する。こうした状況で必要となるのが「ファイティングスピリッツ」だ。

顧客の声をベースとしたコールセンターの意見や提案は、顧客への最適なサービスプロセスの構築という目的意識がある限り、企業として検討する必然性と合理性が存在する。臆せずに提案し、議論する姿勢が必要だ。「言われたことをこなす」センターのマネジメント層は少なくないが、それでは経営に貢献するセンターにはなることはできない。「給料はファイティングマネー」と心得て、多くの手数で相手を攻め、ポイントを奪う努力が必要だ。

ただし、「常に攻撃的な姿勢で臨む」という意味ではない。臆さずに、「全社の顧客情報」を伝える、理解してもらえるよう促すということだ。

そのため普段からさまざまな経営課題や、他部署の戦略を意識してコールセンターとしての対応策や提言を用意しておく。短時間の打ち合わせや会議でも伝えられるよう、要点をまとめた資料を用意しておく。大きな戦略に絡む場合は、検討過程から情報を共有し、判断材料に刷り込む準備が必要だ。

事例　草の根活動で文化を変えたサンスター

通信販売で健康食材や化粧品を販売するサンスターの通販コールセンターは、社内では「受注センター」と認識されてきた。

コールセンターでは、従来から顧客の声を集め、全社に共有し、それを活用してより顧客に愛される商品作りにＶＯＣを活用してきた。だが、社内では「定性的な顧客の声」よりも「何％の発生率か」「その問題にかかっているコスト」などの定量的な数字ばかりが意識され、リアルな「顧客の声」は十分には意識されていなかった。そうした他部門の対応にもどかしさを感じていたのが同社センターのマネジメント層だ。

企業の成長に伴い、大企業病が進行していると捉えたコールセンターでは、人事のローテーションに左右されないマーケティングや商品部門、製造工場などの他部門現場とのコミュニケーションを確立し、お互いに信頼関係を構築する試みを自主的にはじめた。それが、「顧客の声を聴こう会」だ。ＶＯＣに関心のある有志を集め、顧客との通話録音を実際に聞いてもらう取り組みだ。

継続して取り組みを行ううちに、徐々に社内での認知度が高まっていった。「顧客の声は、整理されたテキストだけでは理解できない。実際の声から臨場感を感じなければ〝耳〟が育たない」との認識が各部署に生まれた。

こうして、2011年からの3年間で数十回開催された「顧客の声を聴こう会」には、15部門600名の社員が参加した。さらに、耳が育った社員から「より深い顧客体験を勉強したい」という要望に応えるべく、「顧客対応を体験しよう会」が2年間12回開催され6部門90名の参加を得た。この活動は、顧客の抱える問題を検討する「一緒に探してみよう会」へと発展。商品改善や取扱説明書の協働制作につながっていった。

2014年には新入社員研修に採用され、「顧客目線」を浸透させる人事施策に結実した。もともと草の根から始めたVOCの補完活動だが、企業風土の改善に大きく寄与した事例だ。

ここには攻撃的な要素はないが、他部門に対して積極的にアプローチをする信念と姿勢・情熱によって見事に顧客視点でのプロセスを構築した事例だ。どのようなコールセンターでも参考になる精神である。

第10条 リーダーには常にオープンマインドが必要

コールセンターは、業種の違いや規模の違いを超えて、すべての企業に必要な非対面顧客応対の実践組織だ。抱える課題は、採用・指導育成・トレーニング、品質管理、職務定義、スキルパス、キャリアパスを始めとする制度、労務環境、人事制度など、他の労働集約型の組織と共通している。システム選定のノウハウ、呼量の予測や各種統計処理、レポーティングなどは業界横断的なものだ。企業ごとにコールセンターの規模や成熟度は異なるが、センター運営の方法論は共通であり、類似の課題に取り組んでいる。

そうした業界において、外部の誰とも話さず自社センターの課題解消に向けて孤軍奮闘することは時間を無駄にしているとも言える。リーダーは視野を広げ、オープンマインドで世の中のセンターマネジメント同士で交流しよう。「あのセンターはこの課題に対処済みだから意見を聞こう」「自社のプロジェクトでの解決策ならば、先方に経験を話せる」と互いに学びあうことができる。変革のスピードが求められる時代において、自社だけの限定的な思考で判断するべきではない。さまざまな業界の英知を借りるべきだ。イノベーションの芽は外部にもある。他社を招く・訪問する・交流することを通じて視野を広げ迅速な判断につなげる。

業界だけではなく、例えばメディアに対してもオープンな姿勢で対応すべきだ。顧客対応の感動ストーリーや伝説は企業のブランディングにもつながる。同時に、現場のスタッフのモチベーションを高める効果も期待できる。常にドアをオープンにしておく姿勢は、センターマネジメントの持つべき哲学である。

ジーニー・ブリス氏が著書「Chief Customer Officer」を出版したのは2006年だった。優れたカスタマーサービスで著名な通販会社の米ランズエンドをはじめ、生命保険、銀行、IT、自動車などの各業界で顧客サービス経験を積んだ同氏は、「どの業界においてもCCOが必要」ということを、世に知らしめた。米国とまったく同じ企業の統治システムではない日本ではCCOという役職名にこだわる必要はない。だが、顧客の維持拡大こそが企業の成長の源泉であり、それを実現する機能を持つコールセンターを活用する考え方は知っておくべきだ。

どこまでも顧客応対の品質にこだわり、一人ひとりの品質強化と育成に注力し、継続してそれを実践する組織は、テクニックだけで作れるものではない。組織マネジメントの根底には哲学が不可欠だ。これこそが、変わらぬ信念と情熱を注ぎ続けるパワーの源といえる。

あとがき

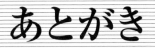

コールセンターを新設する場合、ビジネスの目的や組織編成に合わせたミッションを立て、それを達成できる素質を持つオペレータを採用・育成しているはずだ。運営方法やプロセス構築から制度や文化の醸成まで、決定権はセンター責任者が持つ。これが、結果にコミットするセンターを構築するためのポイントだ。

しかし、古くから運用されてきたコールセンターでは、組織再編や運営方式の変更、文化の再醸成はかなり難しい。とくにサービスの品質強化や効率化については、企業の組織構造や関連部門の意向が大きく影響するからだ。こうした「しがらみ」に悩むセンターのマネジメント層はかなり多い。この「しがらみ」を断ち切らないかぎり、コールセンターが持つ潜在的な能力を発揮することはできない。

前例踏襲型の運用を長く続けるうちに、企業の戦略的ビジネスモデルと現実のサービスにギャップが生じるケースは少なくない。

市況や顧客層、顧客の期待値が変化すれば、企業は経営方針やビジネスモデルを軌道修正する。本来、コールセンターも、ビジネスモデルに合致するサービスプロセスや顧客の期待に応える対応に変化し続けなければならない。教育手法や品質測定方などの運用プロセスを見なおし、オペレータを再教育する必要もある。これは、前例踏襲型の運用を続けるかぎり、できないことだ。市況や企業のビジネスモデルの変化に対応できなくなり、「最適なサービスプロセス」

から徐々に乖離していく。例えば、問い合わせ内容の変化に対応できなければ、顧客の不満が増え、現場のモチベーション低下や離職にもつながりかねない。結果的に、センターが目指すべき安定的な運用が実現できなくなる。

変化に対応しない前例踏襲型の運用は、品質や運用効率の悪化を招く。

こうした事態を回避するには、常に現状を俯瞰して、変化に気づくことが重要だ。企業の戦略と顧客の期待値の変化に応える能力を磨かなければならない。併せて、次の6つの鉄則を念頭に置くべきだ。

・「この通りやればうまくいく」という共通のマニュアルや教則本は無い
・「何から手をつければよいか」への解は一種類ではない
・企業の規模やビジネスモデル、成熟度によって顧客の捉え方は異なる
・顧客層の違いや変化によって経営戦術は変える
・戦略なき他社事例の真似は成果に結びつかない
・運営のテクニックを追いかけても成果には結びつかない

したがって、本書の事例や内容を自社にそのまま活用できるとは限らない。

本書で取り上げた事例企業は、いずれも優れたビジネスモデルを実現し、サービスプロセスを最適化するために、仮説検証を繰り返して改善を重ねている。この視点を忘れて事例を踏襲

するだけでは、企業にメリットある改善を実現することはできない。

顧客のロイヤルティを強化するために、現状維持から脱却し、新たな組織体制、手法を試みる。コールセンターのマネジメント層は、将来を見据えた上で、「変化を楽しむ」ガバナンスを考えてもらいたい。これによって、他社とは異なる独自の経営手法と理想を追求するシナリオが見えてくるはずだ。

現状の課題に目を向け、顧客対応のあるべき姿を描き、そのギャップを埋める方法を紹介してきた。

プロセス最適化は必ずしも投資を要するものばかりではない。

安定性を確保するための「サイエンス」を理解する。組織全体の能力を高める「アート」を形成する。自主性を誘発する制度と風土を作る。経営と顧客の両視点でサービスプロセスの最適解を探し、全員に共有してその方向に舵を切る。これらは、やる気があればすぐに取り組めることだ。本書に目を通していただいた皆様の奮起を期待する。


サービスはそもそもタダではない――。顧客の立場に立つと「サービスとは無償で提供されるもの」と認識することが多いかもしれない。だが、コールセンターに限らず、企業がホスピタリティの高いサービスを提供するのは、顧客のロイヤルティを高めるためである。継続や再購買を促し、企業の収益を高めるという目的が前提にある。つまり、企業は「サービスコストをどのように分配すればより効果的な見返りを期待できるか」を計算しているということだ。だからこそ、コストと価値は表裏一体といえる。

「サービスは商品である」と断言できる品質を担保するには、事前のリサーチとそれに基づく検証が不可欠だ。多くのマネジメント層との議論も必要となる。「誰に対してどのようなサービスを展開するか」「予算や運営計画にどのように織り込むか」というサービスプロセスを構築するための議論だ。

顧客に評価されるセンターや経営貢献するセンターは、独自性の高い取り組みを行っている。著者が数多く見てきた中で、感心する取り組みを実現できているセンターのマネジメントには一様に「シンプル」で「ダイナミック」、そして「ビューティフル」という共通項があった。顧客接点であるコールセンターの理想を追求する「情熱と哲学」に裏打ちされた実践の「歴史」を感じることができる。

だが、それらのマネジメント層も、全員が元来コールセンターの専門家であったわけではない。社内の異動や転籍などでセンターマネジメントの職務に就いたというケースが大半だ。つまり、やる気になりさえすれば誰にでもできることなのだ。

もし、「自分ひとりでは、コールセンターマネジメントのシナリオを描けない」という場合には、他社センターのマネジメント層とコミュニケーションを取る機会を持ってほしい。オープンな姿勢を持つコールセンターのマネジメント層は多い。さまざまな企業が連帯し、相乗効果で成熟度を上げるのは効果的だ。課題解決のヒントが共有され、新たな視点を発見する機会となり、より難易度の高い課題に挑戦するきっかけとしていただきたい。

付録

500社アンケートに見る
コールセンターマネジメントの実態

（三菱総合研究所調べ）

三菱総合研究所では、２０１５年５～７月に全国の上場企業・非上場企業・公共機関を対象に、郵送によるアンケート調査を実施して５００社から回答を得た。調査対象はコールセンター責任者。

調査内容は、基本情報としてコールセンターの業務内容、席数、コール数など。

その上で、コールセンター運営で想定される14分野48項目の課題仮説について、①「コールセンターが抱えている課題認識」と、「②現在の取組状況」を質問した。14分野の課題は**図A・1**。

企業の業種・規模を問わずアンケートに答えやすいように、数値回答ではな

図A・1　コールセンター運営に関する14分野の課題

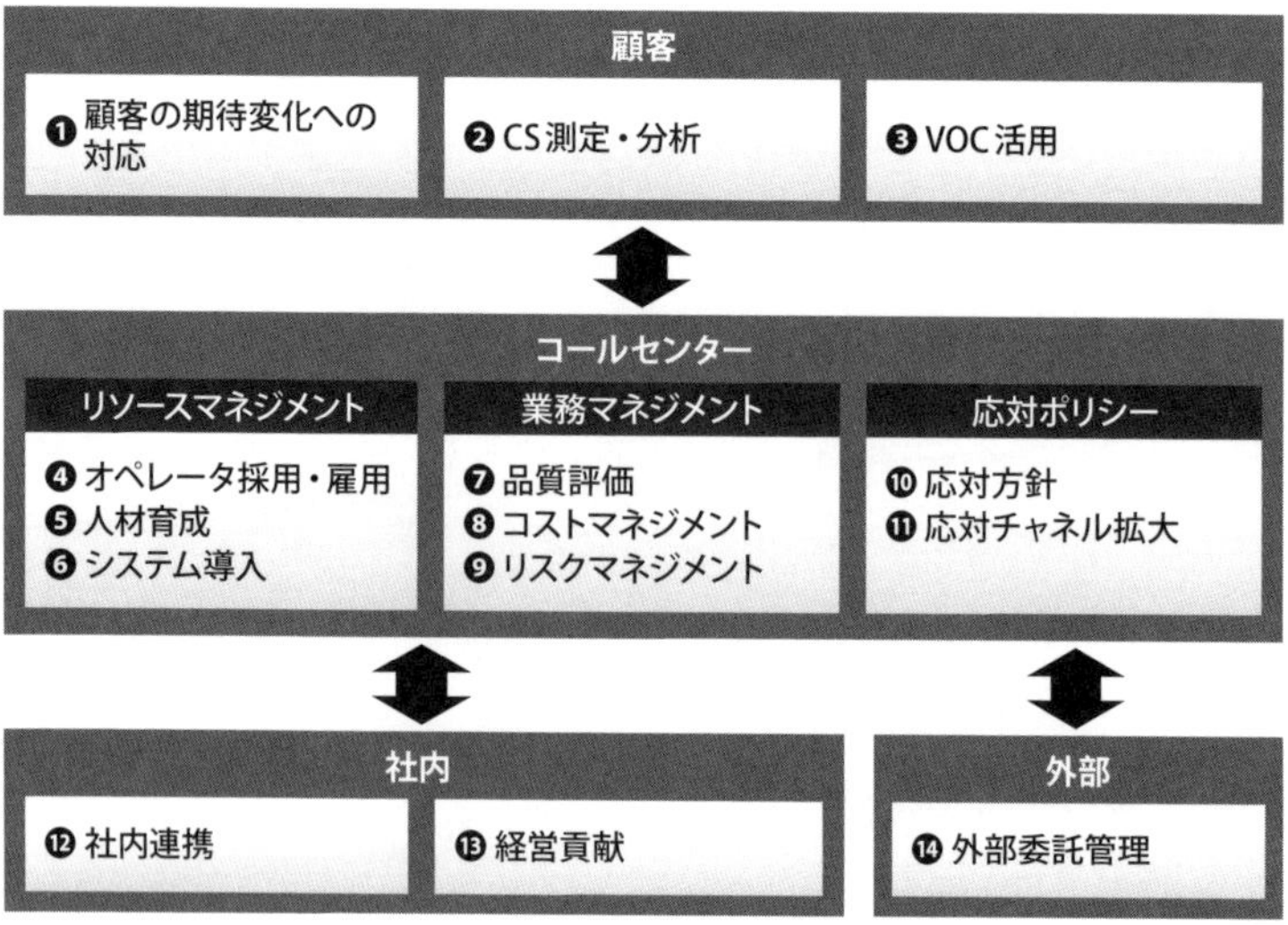

く選択肢式とした（例：「とてもそう思う」から「そう思わない」の5段階スケールなど）。

これにより、５００社のコールセンターが抱える現状の課題と対処法が明らかになった。

（参考）調査実施方法

調査対象	全国の上場企業・非上場企業・公共機関のコールセンター責任者にアンケートを依頼
調査方法	郵送アンケート調査
回答社数	５００社
主な調査内容	1）企業概要 業種、従業員数など 2）コールセンターの運営状況 業務内容、拠点数、席数、所在地、月間コール数など 3）コールセンター運営の現状認識と取組状況 コールセンター運営に関する課題仮説（14分野48評価項目）の①課題認識、②取組状況
調査時期	２０１５年5月～7月

(1)コールセンターの共通課題

①現状認識と②取組状況、それぞれの5段階評価における上位2項目の回答割合の差を「課題ギャップ」とした。具体的な計算方法は、**図A・2**の通り。

「課題ギャップ」とは、②取組状況の5段階評価のうち「5．取り組んでいる」と「4．やや取り組んでいる」の合計から、①課題認識の5段階評価で「5．とてもそう思う」と「4．そう思う」という回答の合計を引いたもの。この課題ギャップが大きい

図A・2　「課題ギャップ」の解説

■ 課題仮説48項目について、①現状認識（必要性や重要性）に対する②取組状況を質問
■ ①現状認識に対する②取組状況の「課題ギャップ」に着目して分析

分野	仮説No.	課題仮説	①現状認識					②取組状況				
			とてもそう思う	そう思う	どちらとも言えない	あまりそう思わない	そう思わない	取り組んでいる	やや取り組んでいる	どちらとも言えない	あまり取り組んでいない	取り組んでいない
お客様の期待変化への対応	1	自社の商品が多様化しているため、オペレータが対応できる範囲を広げていく必要がある	5	4	3	2	1	5	4	3	2	1
…	2	…										
…	…	…										
…	48	…										

課題ギャップ＝
②取組状況（5＋4）－①現状認識（5＋4）

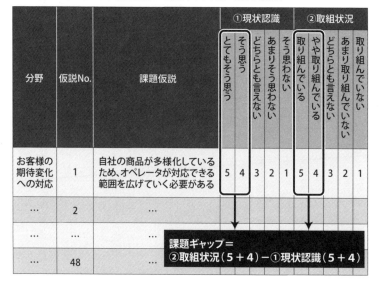

図 A・3 課題ギャップの全体結果

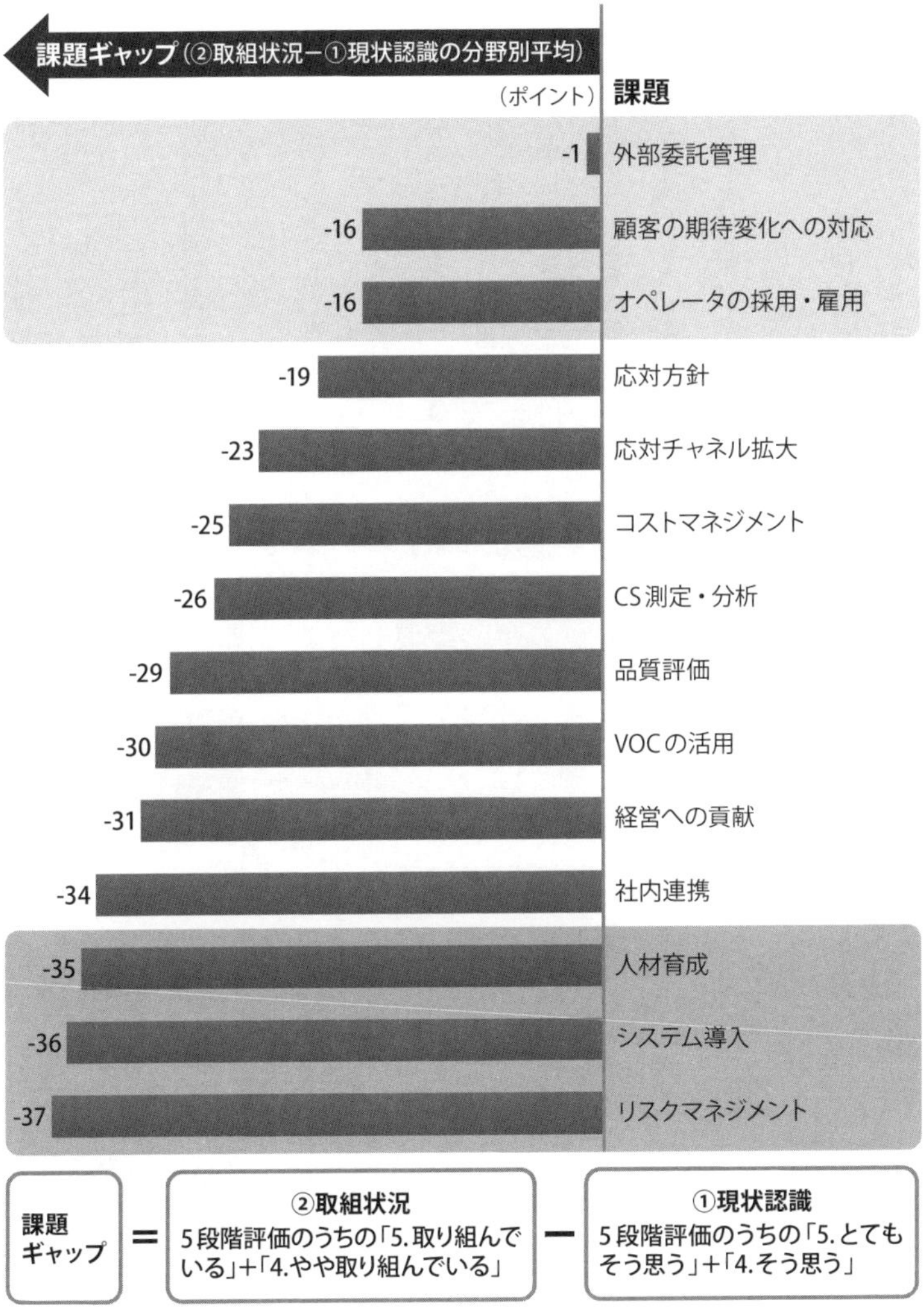

ものを「解決すべきと認識はしているが、取り組めていない課題」と捉えた。

現状認識と取組状況の乖離が小さかった分野は、コールセンター運営で日々直面している「外部委託管理（ベンダーマネジメント）」、「顧客の期待変化への対応」、「オペレータの採用・雇用」だ（**図A・3**）。これらの項目は、課題ギャップが小さく「しかるべき施策を実行できている」と感じているマネジメント層が多いと想定できる。

しかし、「リスクマネジメント」「システム導入」「人材育成」など、中長期的な視点での施策が必要な

図A・4　調査結果「システム導入」

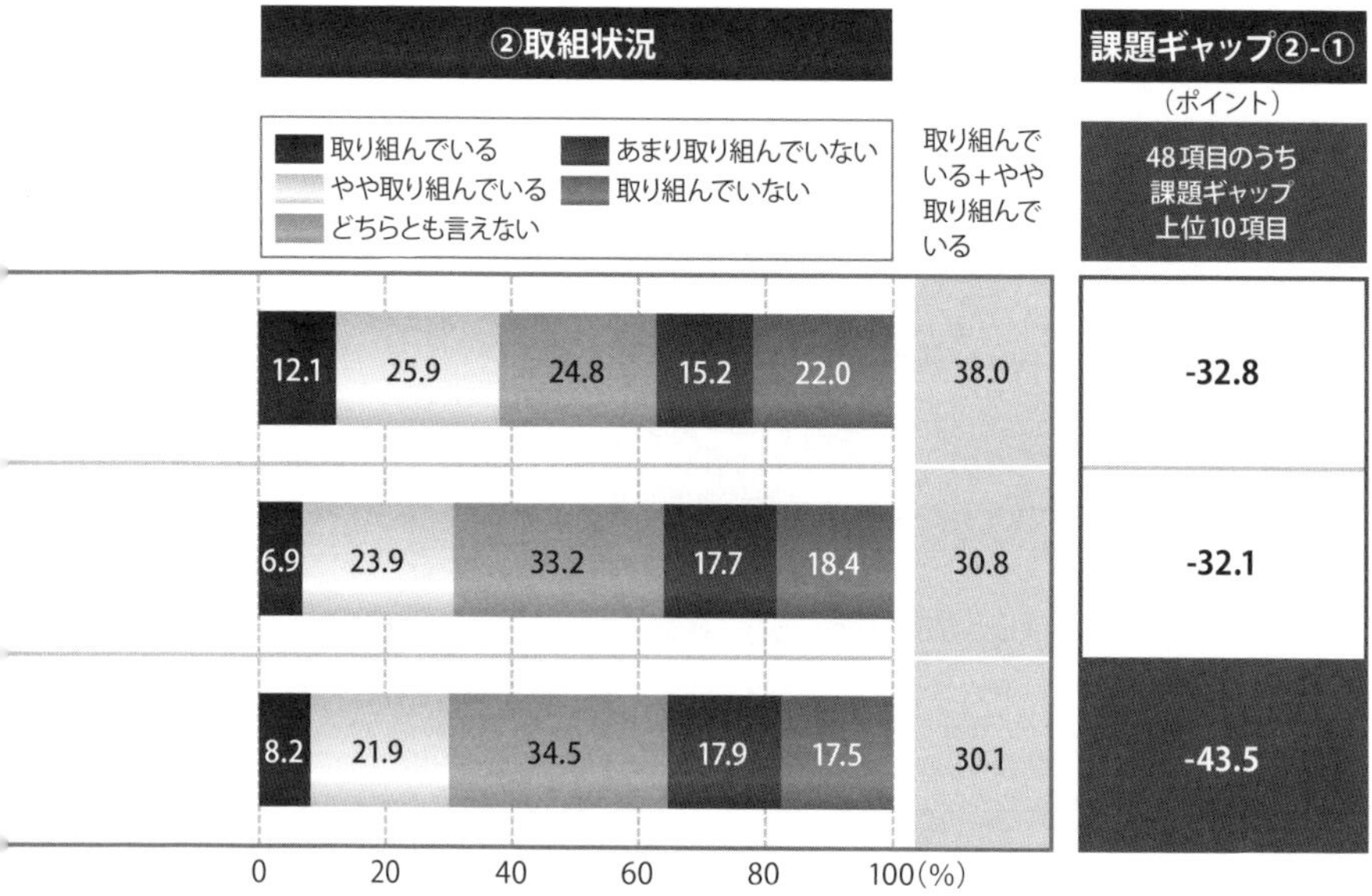

分野は取り組みが遅れている。これら課題ギャップが大きかった項目は、今後、解決していくべき重要課題だ。

(2) 分野別の結果

次に、課題ギャップが大きかった「リスクマネジメント」「システム導入」「人材育成」についての詳しい結果を示す。

◆システム導入(図A・4)

全48評価項目の課題ギャップの平均値がマイナス23・6ポイントであったのに対し、システム導入に関する評価項目はいずれも平均

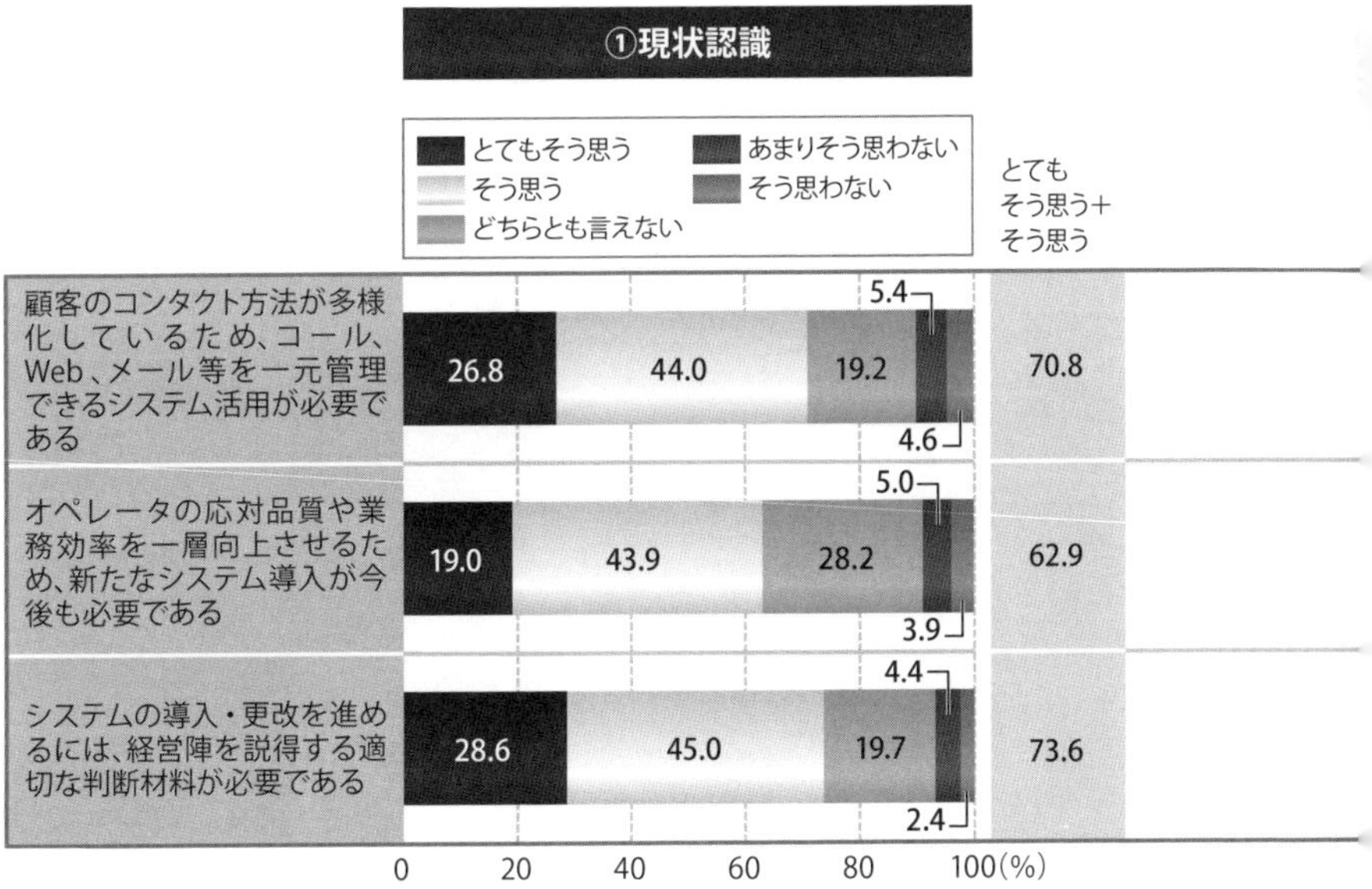

よりギャップが大きい（悪い）という結果となった。

全48項目中、2番目にギャップが大きかったのが「システムの導入・更改を進めるには、経営陣を説得する適切な判断材料が必要である」という項目。コールセンターの規模の大小に関わらず同等の結果であったことから、共通課題であることが明らかになった。システム導入を実現するには、「経営者目線」で導入プロセスと効果を示すことが求められる。適切な判断材料を用意もしくは提示できていないという現状が浮き彫りになった。

図 A・5　調査結果「人材育成」

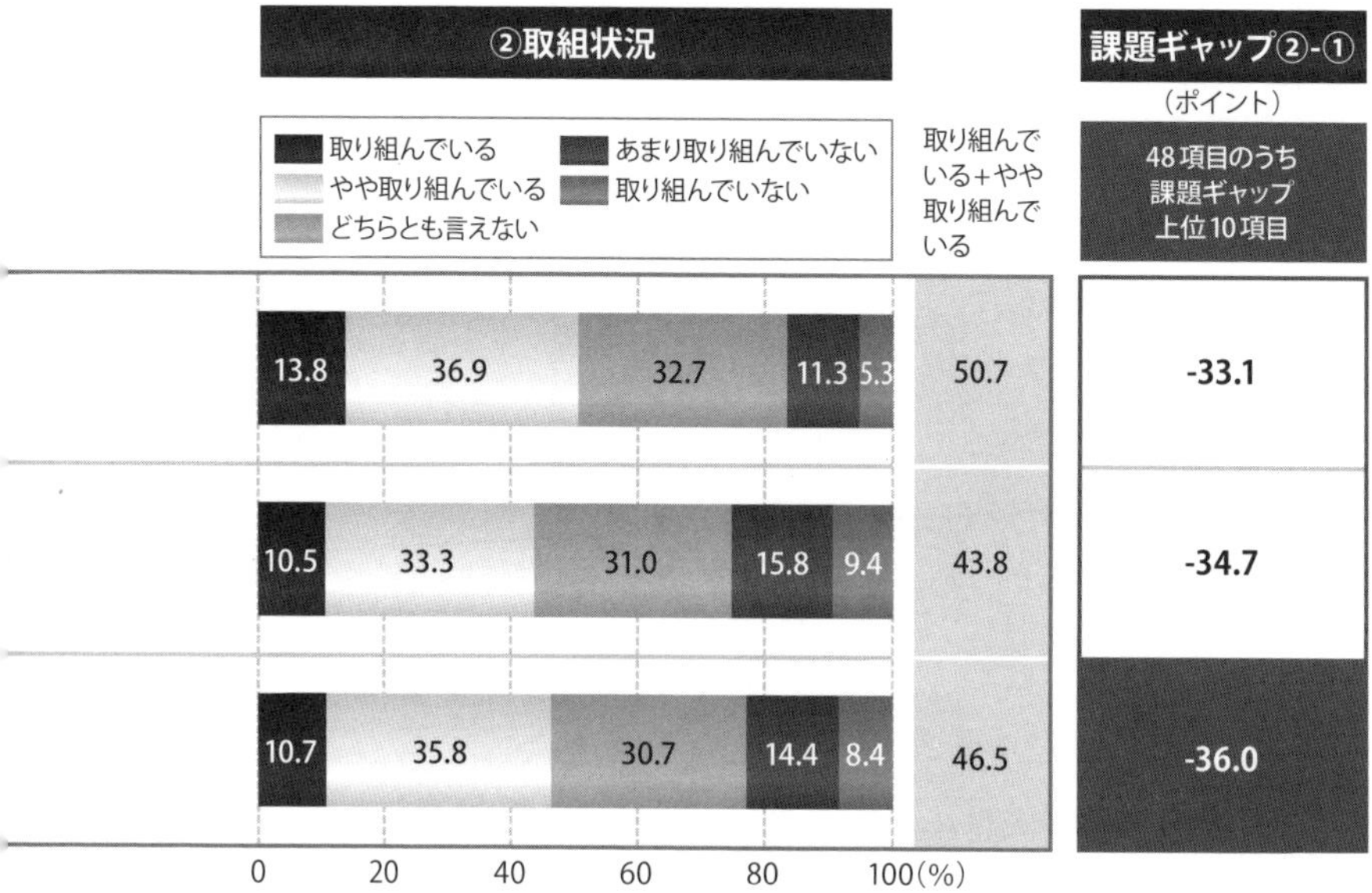

大規模（100席以上）コールセンターでは、「顧客のコンタクト方法が多様化しているため、コール、Web、メールなどを一元管理できるシステム活用が必要である」と「オペレータの応対品質や業務効率を一層向上させるため、新たなシステム導入が今後も必要である」の課題ギャップが大きかった。変化する顧客への対応力と、オペレータの応対品質・業務効率化のさらなる向上には、システム強化が欠かせない。だが、現状では導入および更改が追いついていない大規模センターが多い。また業種別では、銀行、生命保険、通

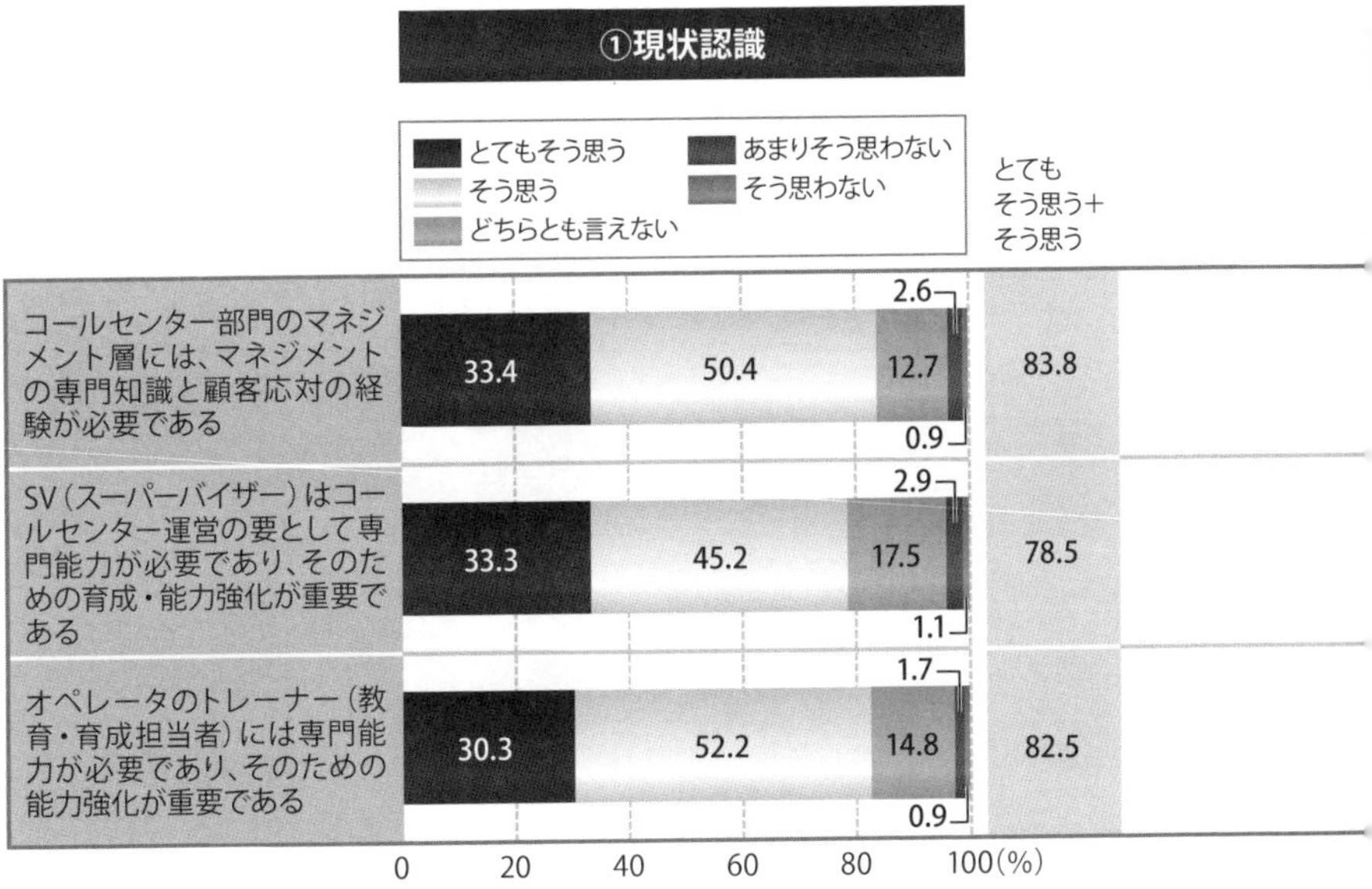

信販売、小売業で、システム全般の課題ギャップが大きい結果となった。

◆人材育成（図A・5）

人材育成に関しては、「コールセンター部門のマネジメント層には、マネジメントの専門知識と顧客応対の経験が必要である」「SV（スーパーバイザー）はコールセンター運営の要として専門能力が必要であり、そのための育成・能力強化が重要である」「オペレータのトレーナー（教育・育成担当者）には専門能力が必要であり、そのための能力強化が重要である」という3点について質問。オペレータの応対品質向上には、「日常業務でOJTを担う

図A・6　調査結果「リスクマネジメント」

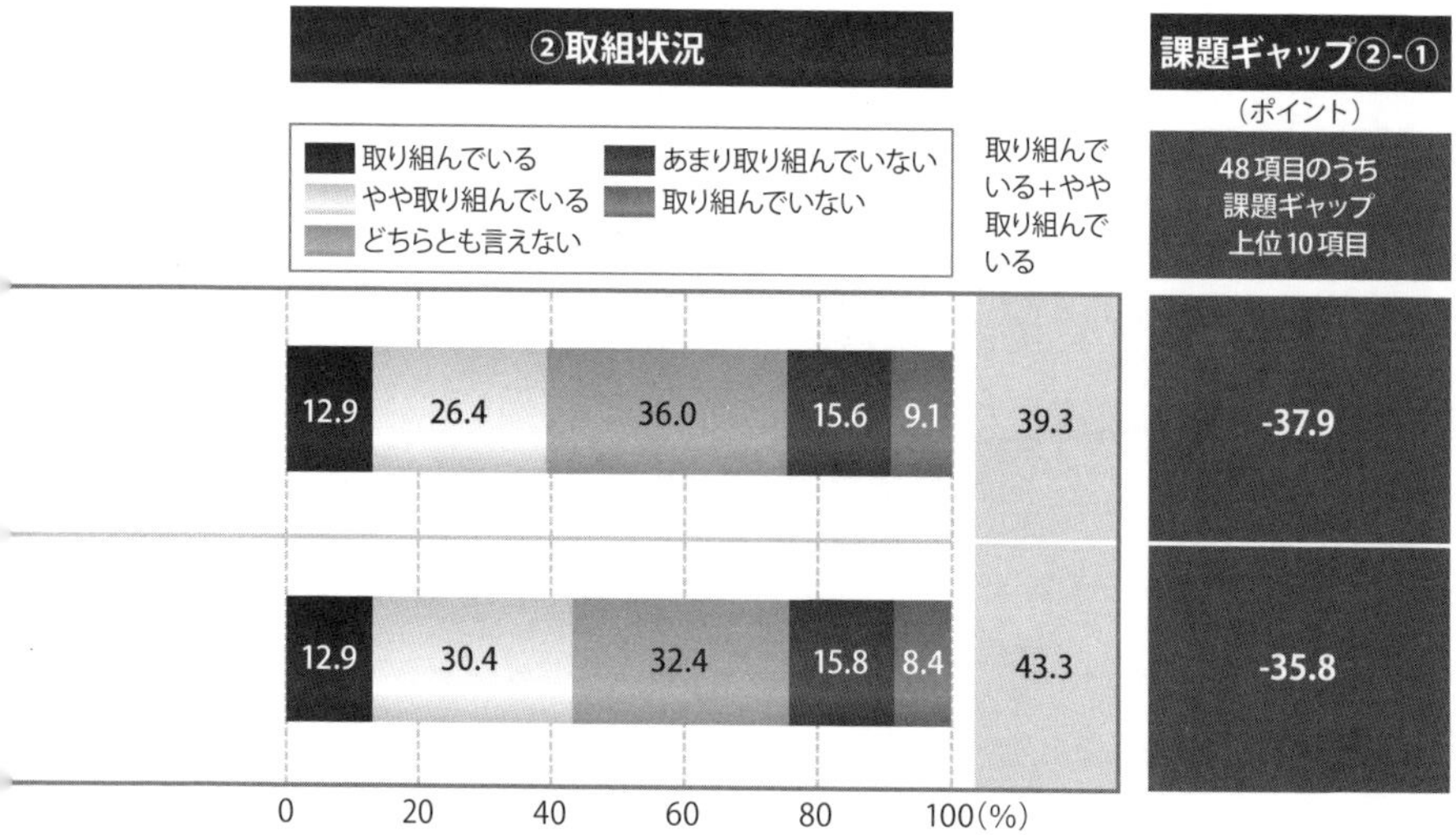

SV」と「採用時や中長期での育成・スキル強化を担うトレーナー」のどちらも欠かせないという認識は高い。だが、SVとトレーナーの人材確保・育成は理想には追いついていない。この結果は、大規模コールセンター（100席以上）よりも小規模コールセンター（99席以下）で顕著であり、小規模センターでは教育人材の不足が課題となっている。

◆リスクマネジメント（図A・6）

「自社商品・サービスに重大な問題や欠陥が発生した場合に、コールセンターが果たす役割の重要性が増しており、それに備えた取組・施策が必要である」

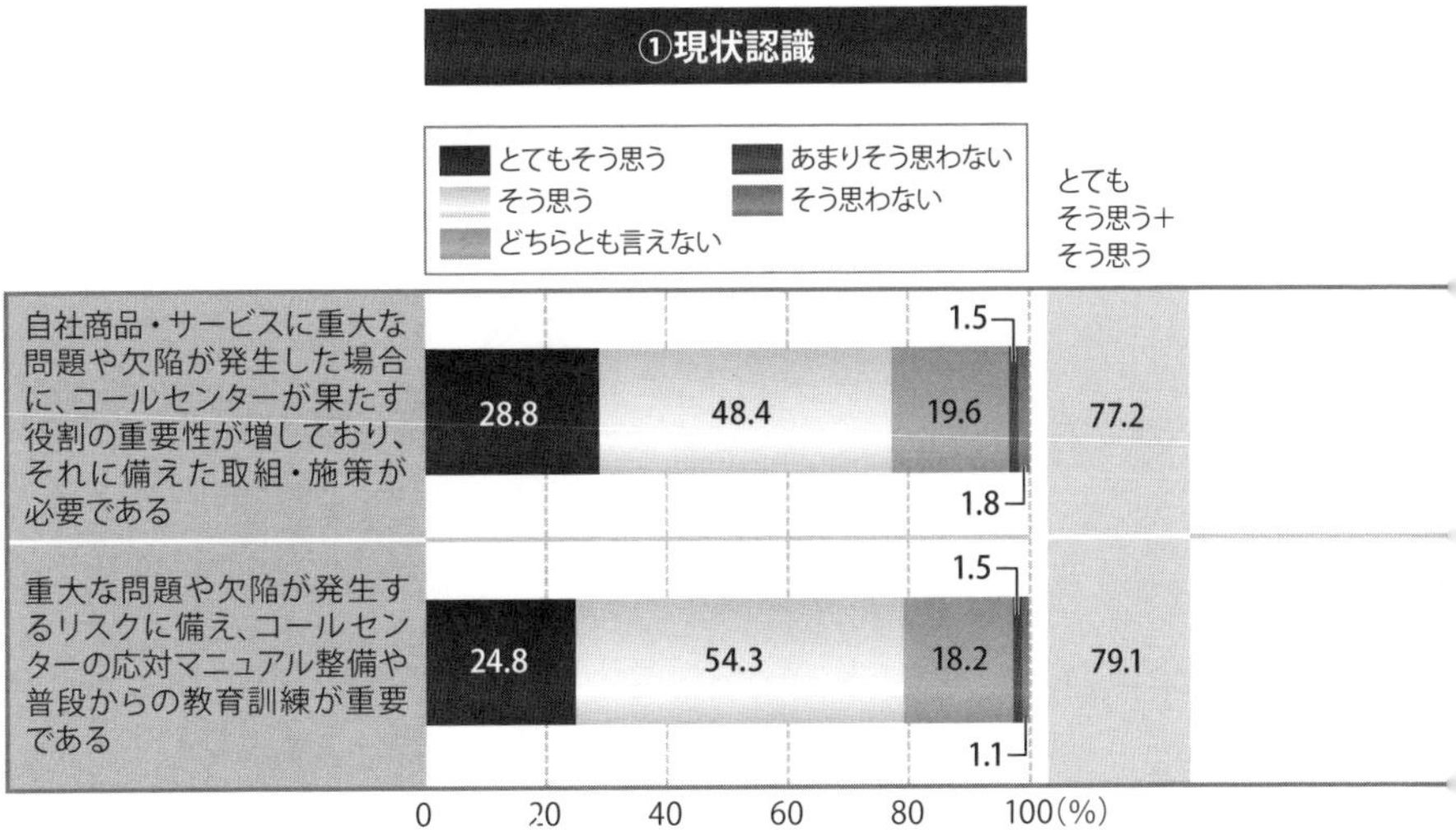

との認識や、「重大な問題や欠陥が発生するリスクに備え、コールセンターの応対マニュアル整備や普段からの教育訓練が重要である」と理解していながらも実態としては手が付けられていない企業の多さが明らかになった。

「自社商品の欠陥が突如判明した」「個人情報が流出した」など、予期せぬ重大事故が発生する事態が増えている。こうした状況では、コールセンターは通常業務をはるかに超えたコール数を受けることになる。東日本大震災以降、防災意識の高まりはあるものの、コールセンターとして全方位でのリスクマネジメントへの備えは不十分であることが伺える。

これらは企業規模を問わず共通の課題であるものだが、業種別では金融、運輸、通信販売、小売業で課題ギャップが大きい。

同調査からは、未来への備えの重要性は理解しているものの、リスク対策や人材育成、システム導入の投資効果を明示できずに苦慮しているコールセンターマネジメント層が多いことが明らかになった。

目の前の顧客対応は懸命に行っているものの、人材育成は追いつかず、複雑化する顧客応対を支援するシステムも導入できていない――。また、万が一の事態に備える保険もかけられていない現状に直面しているセンターは少なくない。

すべての課題を一度に実現するのは不可能だ。問題の所在を明確にし、根本原因となる課題解決にひとつずつ取り組んでいくことが肝要だ。

理想的なコストバランスは、業界や企業戦略、コールセンターの成熟度によって大きく異なる。「コストと成果は表裏一体である」ということを肝に銘じて、バランスの取れたコールセンターづくりを目指してほしい。

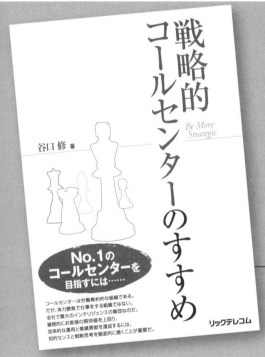

著者プロフィール

イー・パートナーズ 代表取締役 **谷口 修**

1990年代にはコールセンター向けIT/テレフォニーのシステムインテグレーション、CRMソリューションのマーケティングを担当した後、米国MCI（現Verizon）のコンサルタントと多国籍チームによるコールセンター/CRM専業コンサルタントとして活動。2000年にイー・パートナーズを創業し、amazon.co.jpのコールセンター構築・運営をはじめ、多くのコールセンターのコンサルティングを展開。
米国のセンター運営方法論、ICMIの研修展開や、2004年創設の「コンタクトセンター・アワード」表彰制度（コンピューターテレフォニー誌主催）によるコールセンターの相互研鑽と業界活性化にも注力している。

著書

「実践！顧客感動を生むコールセンター」監訳（イースト・プレス）
（原題：The Real-time Contact Center, Donna Fluss著）

「戦略的顧客応対　―理論と実践―」監訳（ファーストプレス）
（原題：Call Center Management on Fast Forward, Brad Cleveland著）

「戦略的コールセンターのすすめ」著（リックテレコム）

コールセンターの経営学

2015年11月24日　第1版第1刷発行

著　　者	谷口 修
発 行 者	土岡正純
発 行 所	株式会社リックテレコム 〒113-0034 東京都文京区湯島3-7-7 TEL　03-3834-8380（営業） 　　　03-3834-8104（編集） URL　http://www.ric.co.jp
カバーデザイン	株式会社クリエイティブ・コンセプト （松田晴夫）
カバー写真	Shutterstock
D T P	株式会社リッククリエイト
印刷・製本	壮光舎印刷株式会社
編　　集	嶋﨑有希子

ISBN：978-4-86594-012-1